GUIDE TO AWAKENING
目覚めのヒント

F I V E D O O R S

精神科医
越智啓子
KEIKO OCHI

徳間書店

プロローグ――今こそ、目覚めのときです

今なぜ目覚めが必要なのでしょうか？

実は、今、目覚めブームが来ています。スピリチュアルには「目醒め」とも表現しますが、この本ではシンプルに「目覚め」と表現します。

地球がアセンション（次元上昇）するとき、新地球に向けて、私たちの意識が大きく変わるときが来ているのです。そのために、目覚めが必要なのです。

長い周期として、地球は、２万６０００年ごとに、大きく地軸が変わって、天変地異を繰り返してきました。ところが、今回は、私たちの意志で、大きな天変地異なしで、文明を続ける計画をしてきました。とても新しい展開で面白いです。

そしてこれからは、**２０３０年に黄金時代が来て、地球は平和になる、ユートピアになるという明るい予言の方を信じてみてください。イメージしてください。そのようになっていきます。**ちょうど、これからその大きな変化を一緒に私たちは体験していきます。

楽しんで乗り越えていくのが、醍醐味《だいごみ》です。

2020年から、私たち地球人は、本来の自分についてしっかり目覚めるために、新型コロナウイルスを引き寄せました。日本だけでなく、アジアだけでもなく、地球全体がまるで時計が止まったかのように、日々の活動が止まってしまいました。

それまで忙しく動いていたのに、すべての活動がスロウダウンして、自宅で大人しくすることが普通になって、びっくりの変化を体験しました。ガンジス川が透明に澄んできたり、ヒマラヤ山脈がくっきり見えるようになったり、イタリアのベニスの濁った水も透明になって、イルカがジャンプするようになりました。

私たちの文明が汚してきた地球が、活動が止まったことで、元の美しい地球に蘇《よみがえ》ってきたのです。

家族との会話が増えたり、自分を見つめ直す機会になって、本当にやりたいことが見えてきたりと、プラス面も多々ありました。外食や飲み会がぐんと減って、家庭で家族との食事が増えて、一家団欒《だんらん》が戻ってきています。

無駄な会議や出張もなくなり、リモートで仕事ができて、仕事に対する見方も大きく変わってきています。本来の在り方に目覚めるチャンスが来ているのです。

全体からみると、まさに目覚めのときへと向かっています。そして、地球の兄弟星の金星が先にアセンションしたときの流れにそっくりなのです。

コロナ禍の下で、２０００年間続いてきたピラミッド構造の社会が崩壊していくさまを、目覚めた人々は知ることになりました。権力者チームの崩壊と共に、いよいよ新しいみんな平等の世界が構築されてきます。そのための大切な目覚めです。

金星も、かつては貨幣経済があり、都市型近代文明を築いていましたが、都市から崩れてきて、みんな自然の豊かさを求めて、田舎に移動して、農業や漁業に目覚めて、より自然に近い生活に戻るようになって、貨幣経済もゆっくり変わって、ユートピアの世界になっていきました。このことは、アメリカ人にウォークインした、金星人の女性、オムネク・オネクさんの本で詳しく紹介されています。私たちもこれから同じような流れを体験しているのです。

私は金星にもいた魂なので、すでにアセンションを体験しています。私と同じように金星にいたことのある魂さんが、今地球上にたくさんいます。彼らが目覚めると、さらに地球のアセンションはスムーズに進むようになっています。日本人には、もと金星人の魂さんが多く意識が高く、精神も穏やかなので、これから目覚めて新しい日本、新しい地球を楽しく創っていきます。私たち地球人が集合意識で創る世界のシナリオをどのようにしていくかです。

私は、精神科医として、薬を使わない愛と笑いの過去生《かこせい》療法を実践しながら、癒しの本を約20年間書き続けてきました。コロナ禍でも、診療、講演会やセミナーの活動を続けてきました。

目覚めとは、スピリチュアルな意味で、「本当の自分が本来は光であることを知って、光であることを体感して、自分の思いで世界を創造できることに気づき、覚醒すること」を意味しています。

この流れをふまえて、まずは、本当の自分が本来光であること、光であることを体感すること、そして自分の思いで世界を創造できること、最後に目覚めたらどうなるのかについて、目覚めのプロセスをわかりやすく解説していきます。

私たち人間は、全員もれなく光の世界からこの世に来ています。

ずっと光っていると退屈なので、思いで世界を創れるこの世に降りてきて、好きな体験を味わっています。体験をしながら、**光とはどんな特徴を持っているのかを探究しているのです。**見えない光の世界の天使や龍たちが私たちを応援してくれています。

魂さんが体験したいと決めてきた体験ができたら、また光の世界に戻っていきます。

それが「**人生のしくみ**」なのです。

ものごとには、すべて陰陽があって、陰だけ陽だけというものではなく、コロナのおかげさまのプラス面もたくさん出てきています。

コロナ禍で、自分を見つめる時間ができて、目覚めのチャンスがありました。

地球が新地球になるために、地球人全員が平等に、コロナという登竜門を体験して、**本当の自分に目覚めるチャンスをもらえた**のだと思います。

コロナでもワクチンでも、なかなか日本人はめげずに、**どんな障害にも打ち勝つという特別なYAP（ヤップ）遺伝子を日本人が持っているために、乗り越えてしまうからです。**

しかも強い刺激で、この遺伝子を活性化すると、とんでもない才能、能力が起きてきて、いよいよ日本人が目覚めて、地球を救う、まるでみんながシン・ウルトラマンになってしまうという素晴らしい世界に突入するのです。わくわく、ルンルンです。

人生一切無駄なし、心配ご無用です！

これから医療も教育も経済もそして社会全体の構造も大きく素敵に変化していきます。

どのように素晴らしい変化が起きるのか、とても楽しみです。

どうか、これからの変化を心待ちにして、私たちが素敵に楽しく目覚めていくプロセスをみんなで楽しみましょう！

第2章 光であることを「体感」する
SECOND DOOR

第3章 「思い」で世界を創造する
THIRD DOOR

第4章 過去生による目覚めのヒント

FOURTH DOOR

第5章 目覚めるとどう変わるのか

FINAL DOOR

エピローグ――まもなく宇宙時代へ――253

デザイン／冨澤 崇
イラスト／森 海里
校正／麦秋アートセンター
組版／㈱キャップス

第1章

FIRST DOOR

本当の自分が光であることを知る

「光の世界」とはどういう世界？

本当の自分が光であることをご存じでしたか？

いきなり、宇宙のしくみの真髄から始まって、びっくりですね。

本当の自分が光とは、どういう意味でしょうか？

実は、自分だと思っている肉体は、宇宙からお借りしている器、乗り船、地球服なのです。

地球の地上は、天候がいろいろで、環境としては、なかなかハードです。なので、その環境でも生きていける素晴らしい地球服をまとった、**私たちの本質は、意識でもあり、波動でもあり、究極は、光の存在**なのです。肉体のおかげで、いろんな体験ができて、この世界を感じることができます。

この本を書くにあたって、もう一度「光の世界」を感じてみようと、寝る前に「光の世界に行く」と決めて寝てみましたが、そこは何もないトロトロに溶けるような気持ちのいい世界でした。

あっち向いてもこっち向いても光だけで、何もなくてまぶしくてとても楽な世界です。このままここに残っていたいと思いましたが、目が覚めてしまいました。まだ寿命のときではなく、面白くて楽しい驚きの日々の旅路が続いています。

私たちは、地球に生まれてくる前に、光の世界にいました。もれなく全員です。

どんなに暗い人でも、闇から生まれてきた人はいません。

今暗くなっている人も、安心してください。

光の世界では、光なので、ピカーッと光り輝いていました。

ずっと輝いているのです。

ここで、光であることを感じながら、両手を広げたり、縮めたりして、「ピカーッ、ピカーッ」と輝いてみてください。

ずっと、ずーっとです。永遠に光っているのですが、ずっと光っているだけだと、意識も持っているので、飽きてきます。この「飽きるという感情」がとても大切で、変化へのきっかけを創ります。

つまり、私たちは、光の世界で、光るのに飽きてきたので、とても刺激的で面白いこの世に生まれてきたのです。

びっくりしましたか？

あの世の「光の世界」がもともとの本当の世界で、この世のこちらの世界は、思いで創られ体験している人生劇場のような場です。映写機で映し出された夢のような世界です。

だから思い方次第でいかようにも変えることができます。そのしくみを知っていると、この世で生きていくのがもっと楽しくなります。あまり深刻にならずに、ゆるゆるで味わうことができるようになるからです。

思いで世界を創るしくみについては、第3章で詳しく解説します。

実は、もう一つこの世に生まれてきた理由があります。

光が自分自身をもっと知りたくて、個々の自分に分かれて、手分けして探究の旅に出たのです。それが138億年前のビッグバンのときからなのです。

私たちは、気の遠くなるような長い、悠久《ゆうきゅう》の旅をしています。

実は、分光した光である私たちの魂は、とっても旅好きなのです。いろんな銀河や星々を生まれ変わりながら旅をしています。

気に入った星を見つけると、そこでしばらくの間、生まれ変わりを繰り返して、その星で体験できること、学べることを吸収します。もう十分と感じたら、別の星に移動する**星**

の旅人なのです。

もともと私たちは巨大な光でしたが、バーンと細かい光に飛び散って、それが私たちの個々の光（魂）になって、自由に光としての探究の旅が始まったのです。

本当に、私たちは、光の存在なのです。

とても大切な宇宙の真理なので、しっかりと受け止めてください。

虹と同じ七色の光を全員が持っています。

時々虹が出て、「その調子で大丈夫よ〜あなたは虹の七色を持った光なのよ〜」と天が教えてくれています。

私たちは、この七色のそれぞれの色をたくさん体験して、どんな特徴を持っているかを探究してきました。どの色から探究が始まるのかは、私たちの自由選択です。

赤色の光は、勇気、変革、行動、情熱のエネルギーです。戦いはこの赤色の光が強く出てきます。戦いが好きな魂さんは、赤のエネルギーをしっかりと体験しています。

青色の光は、平和、平静、慈悲深さ、穏やかさ、愛、思いやり、伝達のエネルギーです。

平和が好きな魂さんは、青のエネルギーを穏やかに体験しています。

光の世界は、5次元以上の世界です。**天使は5次元以上の世界に存在**しています。

大天使になると6次元の世界にいます。6次元がビッグバンでできた宇宙です。

大天使は、ビッグバンでできた宇宙を自由に動くことができます。

次元とは、意識の自由度です。

1次元は、点が動いて線になります。線が動いて2次元の面になります。面が動いて、3次元の立体になります。立体が動いて、時空ができて、4次元の世界になります。

さらに時空を越えて動けるようになると、5次元の光の世界になります。

そこからは、どんどん自由度が増して、まぶしい光の世界の段階に入ります。

いくらでも輝いて、自由で楽しく飛び回れる世界です。

地球で人々の人生に大きく影響を与えた、モーゼ、ブッダ、イエス・キリスト、ムハンマド、孔子など指導者の魂は、7次元以上の高次元の光の世界から来ています。ピカピカ、キラキラの世界です。

光には、粒の性質と波の性質があります。

粒の性質が強い人は、一匹オオカミのように行動します。

波の性質が強い人は、たくさんの人々とつながっていたくて、常にたくさんの人々と行動したがります。優劣はありません。

あなたは、どちらの性質が優位ですか?

もちろん、その時々で、変わってきます。

一人で、何かを生み出して、創造できたら、人々の輪の中に入って、それを披露して反応をみます。それが素晴らしい作品だと、人々が賛同して、それを活用したいというプロジェクトが生まれるようになります。それが広く活用されると、波の性質が強くなって、広がっていきます。創造性の流れです。

この世は、とても面白いシステムでできています。

私たちの思いが発せられて、その思いのエネルギーが、何もないように見えるけれども実はありとあらゆるものが満ち満ちている宇宙空間から同じ周波数のエネルギーを引き寄せて、響かせて、振動してだんだんと形になっていくようになっています。

何もないように見えて、宇宙空間には、すべてのものがびっしりと詰まっているのです。

宇宙空間は、まるで素敵なおもちゃ箱のように楽しい世界です。

いろんな人の思いでできた形のもとになるエネルギーであふれています。

世界一のベストセラー本の聖書にも、「はじめに言葉ありき」と書かれています。

言葉が力を増すと、言霊《ことだま》になって、振動数が高く強くなって、形になってくるのです。

たくさんの人々の思いが集まって、振動して、いろんなものがこの世に創られてきました。

この世は、私たちの思いで創られています。

それが進化成長してできたのが、今の文明です。

私たちの思いの集積の賜物《たまもの》なのです。

地上の環境がかなりハードなので、宇宙から借りている地球服も何十年くらいしかもたなくて、それが寿命と呼ばれています。

とても丁寧に肉体を使うと最大125歳まで長生きできそうですが、今のところは、最大110歳くらいです。

寿命という寿のお祝いのようなめでたい漢字が日本では使われていますが、地上で体験したいことが全部できると、達成できておめでとうと祝福されて、もとの光の世界に帰っていきます。

光の世界では、光るしかないので、とても楽です。それを私たちは知っているので、あまりにもこの世での体験がつらいと、「早く死んで楽になりたい」と言うことがよくあります。

自分が楽な光の世界から来ていることを潜在的に知っているのです。

光の世界には、「苦しみ」も「悲しみ」も「痛み」もありません。この世では、その三つを体験できます。この三つのスペシャルな体験を地上で成し遂げると、波動が上がるので、光の世界に帰るときに、以前いたところよりも、さらに輝く自由な世界に行くことができるのです。

２０１８年にドイツに行ったときに、フランクフルトとミュンヘンの老人ホームへ慰問で訪れるチャンスがありました。そのときにドイツのお年寄りの魂さんたちから、「人生のしくみ」と「死んだらどうなるのか」について話して欲しいとリクエストがありました。ヴォイスヒーリングをするだけのつもりが、そのリクエストに応えて解説することになりました。老人ホームのスタッフの方が英語からドイツ語に訳してくれました。

「本来私たちは光の世界から光るだけでは退屈だったので、面白いこの世に降りてきたのです。この世でいろんな体験をしたら、死んでもっと輝く世界に帰れるのです。私たちはもともと光の存在なので、死んでも消えるのではなく、場所移動するだけです。また光の世界に帰っていきます。死ぬのは、場所移動するだけで、ちっとも怖くありません。まぶしい光の方に向かってください。今までずっとそばにいて地上での体験を段取りしてくれた守護天使が、はっきりと見えてちゃんと光に帰れますから」と、死ぬのが近いお年寄りたちに、死んだらどうなるのかを詳しく解説したら、何人も涙ぐんで、「本当に聞きたいことをちゃんと話してくれてありがとう」ととても喜ばれたことがありました。

中には、とても気に入ってくれて、「フランクフルトのどこで開業しているの、診療にいきたいから教えて」と熱心な人もいてあわてました。

死に近いお年寄りに、死んだらどうなるという話は、直接すぎるかもと思い込んでいましたが、逆にそういう人たちこそ、死んだらどうなるのかが、一番知りたいことだったのです。

先ほど守護天使の話が出てきましたが、**守護天使とは、私たちにもれなく一人、必ず右上についている光の存在**です。

私たちは、生まれる前に、今回の人生でどのような体験をするのかを「人生のシナリオ」として前もって書いてきます。そのときすでに私たちを守って体験の段取りをしてくれる守護天使がそばにいて、どんな体験をする予定かを前もって、「人生のシナリオ」を読んで把握してくれています。

すべてのやりたい体験を終えて、また光の世界に帰っていく寿命のときまで、ずっと健《けな》気《げ》にそばにいて応援や段取りをしてくれる光の存在が守護天使さんなのです。

ここで、天使についての話をしておきましょう！

天使は光の存在

光の世界の存在で、私たちの応援をしてくれている一番身近な天使の話をしたいと思います。

天使については、ずいぶん前に、『天使の世界へようこそ！』（徳間書店）に書きました。

前述したように、私たちには、もれなく守護天使という素敵な天使がいつもずっとそばにいます。**守護天使さんは、私たちの偉大なる魂さんが書いた人生のシナリオを先に読んで、やりたい体験がすぐにベストタイミングにできるように、段取りしてくれています。**

自分のことを一番知っている人のことを、なぜか右腕と表現します。

そばにいて、ずっと自分を支えてくれている守護天使さんも、自分の右上にいます。

まさに右腕の人です。

今、右上にいる自分の守護天使さんに挨拶として、握手をしてみましょう！

どんな感じがしますか？

ついでに、好きな名前を付けてあげましょう！

私は、桜が好きなので、「桜ちゃん」と呼んでいます。

こちらが何も気づかなくても、ずっと健気に応援してくれている守護天使さんですが、やはり人間と同じように、名前を付けてもらって、その名前で呼びかけられると嬉《うれ》しいそうです。ぜひ、何度も挨拶してあげてください。そのうちに、自然に守護天使と会話ができるようになります。

守護天使との交流も、私たち人間社会の人間関係と同じです。

親しくなりたければ、相手の名前をまず覚えます。そして、何度も挨拶したり、話しかけたり、いろいろ聞いてみたり、とにかく交流することです。守護天使の名前はもともとないので、こちらから好きな名前で呼びかけてみましょう！　ニックネームなので、いつでも変更ＯＫです。

そのうちに、感覚的にテレパシックに会話がスムーズにできるようになります。

私は、小さいころから、ずっと守護天使と話をしてきたので、それが普通になっています。

日常生活のいろんな段取りも守護天使が応援してくれています。

実は、睡眠からの自然な目覚めは、ずっとそばで応援してくれている守護天使が起こしてくれます。

守護天使が目覚まし時計なのです。

そのおかげで、私の場合は、こうやって本が書けています。

早朝、3時か4時に、守護天使の桜ちゃんが起こしてくれるのです。

あなたは、目覚まし時計で起きますか？

それとも自然に目が覚めますか？

自然に目が覚めているのは、あなたの守護天使さんが、ここぞというベストタイミングに起こしてくれているのです。もう一度、守護天使さんのことをまとめてみたいと思います。

守護天使さんとは、あなたが生まれる少し前からそばにいて、あなたの偉大なる魂さんが今回の人生は、こんな体験をしたいと書いた「人生のシナリオ」を台本のように前もって読んで、いろんな段取りをしてくれているありがたい存在です。

私たちは、当たり前のように毎晩寝ていますが、翌朝ちゃんと目が覚めるという保証は全くありません。

今日も朝目覚めて、この世での素晴らしい体験が始まるのです。

毎日の何気ない生活が、相似的に人生と似ています。

意識だけを見ると、毎朝この世に来て、毎晩あの世に帰っているのです。

私たちは、毎日、生と死を細やかに体験しているのです。

エッとびっくりされた方は、このまま読み進めてください。「人生のしくみ」が面白い解説でわかってきて、今の自分の状態が違った角度でもっと楽しく理解できるようになります。

なんとなく覚えている夢は、寝ている間に意識があの世で体験している内容です。その内容を表面意識が知ったほうがいいときには、朝になっても覚えています。すぐに必要ない内容なら、潜在意識にしまって、必要なときに引き出されてくるのです。

実は、夢の中のできごとは、あの世での体験です。あの世は見えない世界ですが、その世界が本当は意識の世界、そして光の世界で実質の世界です。

この世は、思いでできたバーチャルな夢のような世界です。実はあべこべなのです。

だから時々、すでに亡くなった人が夢の中に現れて、自然に会話をしています。

亡くなった母とひさしぶりに会話をしたことがあります。

「ずっと生まれ変わりのチャンスを待っているのだけれど、なかなか来ないのよ〜啓子から促してちょうだい」と応援依頼が来ました。びっくりです。

実は、母が亡くなるときに、「せっかく啓子が生まれ変わりの探究をしているのに、私はもう生まれ変わりたくないの」「母さま、ではどうしたいの?」「宇宙に漂っていたいの」と言って、気持ちよく宇宙に漂っていたのですが、何年かたって、それにも飽きてきて、また生まれ変わりたいというメッセージが来ていたのです。身近なところでは、甥《おい》っ子のところが早いと思ったのですが、なかなかその兆しがなくて、とうとうリクエストが来ました。

そして、ようやく甥のところに長男として生まれてくることになりました。

予定日から逆算すると、ちょうど母からのリクエストがあったころでした。

びっくりです。母の夢が叶《かな》いました。それは、越智家での待望の夢実現でもありました。

そして、とうとう、弟のところに、初孫として母が生まれ変わってきたのです。

それは、思った以上の深い感動でした。生まれてからすぐにしっかりとした顔立ちで、目が母にそっくりでした。母らしいとてもパワフルで美しい赤ちゃんにびっくりしました。

生きている間に、母が身内に生まれ変わってきて、また再会できるというのは、なかなかない体験です。ずっと母の意識とコンタクトを取ってきたからこその貴重な体験がありました。

見えない光の世界が存在していることを信じていると、あの世の魂からの声かけがあります。

見えない世界を見られるようになるには、その世界を意識して、まず知ること、そして

感じてみること、存在を信じ続けることです。これが見えない光の世界へ入れる登竜門になります。

この世は、いろんな世界がパラレルに交差していて、いろんな波動の存在が多様に触れ合うことができます。

お釈迦《しゃか》さまは、７次元以上の光の世界からこの世に降りてきて、仏教を広めました。仏教は、「宇宙のしくみ」の学問です。

それを表現しているすべてのお経のエッセンスが、**「すべてはうまくいっている」**なのです。それを裏付けるように、チベットではマニ車を回しながら、お経のエッセンスの言葉「オンマニベメフン」を唱えています。それを日本語に訳すと、まさに「すべてはうまくいっている」なのです。チベット僧になった野口法蔵師匠から学びました。

ここで、チベットのマニ車を回すイメージで、マニ車ワークをしてみましょう！

ついでに、チベット語の最強の言霊「オンマニベメフン」を覚えることができます。

この言霊で、長いお経を全部唱えるのと同じ効果があるそうです。お得ですね。

目覚めのワーク①

最強の言霊を唱えながらマニ車を回すワーク

右手の人差し指を上に向けて、マニ車を右回りにくるくる回すイメージをしながら、最強の言霊「オンマニベメフン」と「すべてはうまくいっている」を3回唱えてください。

「オンマニベメフン」
「すべてはうまくいっている」
「オンマニベメフン」
「すべてはうまくいっている」
「オンマニベメフン」
「すべてはうまくいっている」

オンマニベメフン
すべてはうまくいっている
オンマニベメフン
すべてはうまくいっている
オンマニベメフン
すべてはうまくいっている

つまり、私たちが住んでいる広大無辺の宇宙が、愛に満ちあふれているおかげで、「すべてはうまくいっている」という素晴らしいしくみになっています。それを応援しているのが、光の世界に存在する天使の役割なのです。

助っ人天使の役割

天使には、守護天使だけでなく、大きな出来事のときに、助っ人として応援してくれる助っ人天使がいます。そのおかげで何があっても大丈夫なので、安心して、体験を満喫してください。

実は、私もそれをしみじみと感じる奇跡的な天使体験をしました。

とてもリアルな話です。

私の主人に起きた奇跡の体験です。

主人が車でお気に入りの整体師さんのところへ行く途中、右足が麻痺《まひ》して、ブレーキを踏めなくなり、高速を降りたところで、前の車にぶつけて、ガードレールにぶつかりやっと止まったそうです。前の車の方も無傷、主人もシートベルトが当たった胸のところが痛いだけで、怪我はありませんでした。車の損傷はひどいので、新しい車に替えなくてはなりません。

主人の意識がボーッとしていたので、救急車で運ばれて、レントゲンとCTを撮ったら、1か月前に転倒したことが原因の左の慢性硬膜下血腫が見つかり、左脳の半分くらいが血腫になっていて、緊急手術になりました。右脚の麻痺もこれが原因でした。不幸中の幸いで、その日の夜に緊急手術を受けることができました。

交通事故の場合は、５、６人の助っ人天使が来て人生のシナリオの通りに段取りしてくれれるようです。

主人の事故は、なんと10人の助っ人天使たちが来てくれて、無傷の奇跡を創ってくれました。本当にありがたいです。しっかりと天使たちに守られています。

そして、なんと天使さんから、「緊急手術のための事故です」とはっきり言われました。一番早く緊急手術を受けるには、この方法がバッチリだったのです。

本当にびっくりの展開でした。まさに助っ人天使、この本にぴったりのエピソードでした。

入院時には、「あ～う～」しか言えなかった主人が術後は、ちゃんと話せるように戻りました。血腫をのぞいたことで、圧迫されていた脳が復活したのです。ありがたくてたまりません。本当に危機一髪でした。不幸中の幸いを実体験しました。

手術を担当してくれた先生が、とてもやる気満々の頼もしい脳外科医でした。

その先生の手術を受けるために、その病院の近くで事故をして、不幸中の幸いを引き寄せました。さかのぼると、向かっていた目的地がお気に入りの整体師さんだったのですが、その先生を知ることになったのが、私がカタカムナ相似象《そうじしょう》の本を8か月もかかって書いて坐骨神経痛になり、右股関節の変形性股関節症で歩けなくなったからでした。しかも、カタカムナ相似象の本を書くように勧めてくれたのは、主人でした。私がはまっていたカタカムナに興味を持ってくれて、カタカムナ学校まで創ったのも主人でした。

こうやって、たどっていくと、**すべてのことに意味があって、奇跡を引き寄せています。**

結局は、「すべてはうまくいっている」のです。

本当に、すべてに感謝しかありません。すべてにありがとう～です。

すべての経験がつながっています。「**人生一切無駄なし**」なのです。

この本を書かせていただいているのも、まさに奇跡です。

この本を今、あなたが読んでくださっているのも、奇跡かもしれません。

いろんな条件が見事に整って、素晴らしい奇跡を引き寄せることができました。

この世は、この宇宙は、本当に、「すべてはうまくいっている」のです。

私たちは、しっかりとたくさんの天使たちに守られています。

自分たちが思った通りの世界を体験して、「宇宙のしくみ」のエッセンスである「すべてはうまくいっている」を味わっているのです。

だから、安心して生きていきましょう！

偉大なる魂さんが、決めた寿命のその日まで、体験したいことをちゃんと体験して、また光の世界に帰っていきましょう。どんな世界に帰るかも、私たちの思いで選択しています。

やりたい体験を終えたら、また光の世界へ帰れるのです。

なんて素晴らしい「人生のしくみ」でしょう！

私も若いころ、ロンドン大学に留学していたとき、休日にバースというローマ遺跡が残っているところで、交通事故にあったことがあります。そのときも、雨の中スリップして反対側にぶつかり止まったのですが、奇跡的に対向車が来なくて、命拾いをしました。

その時も、助っ人天使が6人応援してくれました。車はパンクしただけでしたので、自分でスペアタイヤに取り換えたのを覚えています。助っ人天使が細やかにやり方を教えてくれて、本当に助かりました。

目覚めのワーク②　言霊の十字ワーク

ここで、「人生一切無駄なし」と「心配ご無用」の言霊を十字を描くように言ってみましょう！　右手で左から右に小刻みに上下させながら、「人生一切無駄なし」と唱えます。次に、また右手で上から下に小刻みに移動させせながら、「心配ご無用」と唱えます。ちょうど、二つの言霊の十字の中心が、「無」になります。

守護天使だった感覚はありますか？

私たちは、人間だけでなくいろんないのちを体験してきています。

もちろん、守護天使だったときもあります。

それは、感覚的に覚えているものです。それなら私にもあると思った人は、きっと昔誰かの守護天使だったことがあります。

守護天使の体験は、ある人の人生を最初から最後までずっと応援するので、かなり大変です。私の守護天使さんの桜ちゃんも、きっと大変だと思います。どんなに大変でも本人のシナリオを変更はできないので、ひたすら応援する役割なのです。辛抱強くないと守護天使の役はこなせません。どうぞ、右上にいて応援してくれている自分の守護天使さんに、十分のねぎらいをお願いします。

私が覚えている守護天使の時代は、2000年も前でした。イエス・キリストを産んだ聖母マリアさまの守護天使だったことがあります。それを思い出したのは、聖母マリアさまのエネルギーを持った魂さんに出会ったときです。その魂さんとは、無二の大親友になりました。渋沢栄一さんのお孫さんの鮫島純子さんの講演会で再会しました。

守護天使だった感覚は、まず見ている視点が斜め上からの光景です。

地上ではなく少し上から見る感覚が残っているのは、まさに誰かの守護天使だったときの感覚です。それは、2018年にカタカムナ学校の関係でイスラエルに旅したときにしっかりと蘇ってきました。カタカムナ学校の生徒さんで、洋裁の得意な方にマリアの衣装を創ってもらって、それを持ってイスラエルに行きました。

イスラム圏ではなかなか着られなかったのですが、さすがにベツレヘムではOKが出て、マリアの衣装で歩きました。ちょうどクリスマスのときだったので、世界中から人々が集まっていて、ミニマリアの写真を撮られました。

フランスの修道院の地下から見つかった、聖母マリアさまとヨセフさまの墓のところで、はっきりとイエス様が5歳のときに、聖母マリアさまとヨセフさまのお二人と共に、そこを何度も訪れたときの光景が思い出されました。しかも視点が斜め上からの感覚で、「もしかして、聖母マリアさまの守護天使だったかも」と感覚的に強い思いが蘇ってきました。見えないはずの世界を過去にさかのぼって見ているのですが、この映像が見える感覚が、次元で解説すると、時空を越えて、2000年前のその場所での出来事の中に意識が入り込む感じです。そのとき、聖母マリアさまの右上にいて、段取りを手伝っていたからこそ、意識が一瞬でそのときのその場所に行くことができるのだと思います。聖母マリアさまが毎朝水を汲《く》みに行っていた泉も懐かしい場所でした。

聖母マリアさまの右側上空にいた守護天使から、そのときは小さな地球服に入って、マリアの衣装を着て、2000年前を思い出すという体験をしました。

そして、それから4年後に本に書いています。人生のしくみは実に面白いです。

過去生療法セミナーでも、過去生のイメージがどんな風に見えるのかを聞かれることがあります。3次元の形あるものよりも多少薄い感じなのですが、スクリーンの映像のように過去生の映像が立体的に動いているように見えます。

自分で見えないと思ってしまうとその通り見えないので、過去生のイメージを見たい人は、見えると思ってみてください。脳の真ん中にある松果体がくるくるまわりだして、本当に映像が見えるようになります。

私も小さいときから過去生のイメージが見えていたわけではありません。実際にクリニックで過去生のイメージを見るのが必要になってからです。42歳からでした。

小さいときは、天使や妖精、必要なときに霊が見えることがありました。彼らの気持ちを理解してあげる必要性があったからです。

あなたが今まで、見えない世界が見えなかったのは、必要がなかったからです。

もし、これから必要になったら、ちゃんと見えるようになります。だから安心してください。必要ないのに見えるとそれにとらわれて、この世の体験に集中できず、おろそかになります。わざわざそれを思い出すための過去生療法は、必要な人だけのためなのです。

でも、この本に出会ったあなたは、きっと見えない世界を感じることが必要だと魂さんが思ったからだと思います。

守護天使だった人の特徴

守護天使さんだった人は、優柔不断という特徴を持っています。

あなたも優柔不断ですか？

もしそうなら、きっと過去生で誰かの守護天使でした。その名残があって今の自分があります。いよいよこのタイミングで、第三の目を活性化して、見えない世界がとても感じられるようになります。昔、守護天使の体験をした人は、どうしても天使に惹《ひ》かれます。天使の羽根や天使の置物、絵など天使のいろんな表現が大好きで自然に集めてしまいます。

私のベッドのまわりにも天使グッズとマリア様の絵が貼られています。

自分の中で、一番気になる存在のものは、寝ている間にまた交流するので、ベッドまわりに自然に配置してしまいます。自宅のトイレも天使グッズだらけです。天の舞のトイレにもお気に入りの天使たちを置きました。

天使の方から、天使の存在を知らせたいときには、天使の羽根を現象化して、ふと目につくところに置いてくれます。

私も講演会で出雲に行ったときに、泊まった温泉旅館の部屋の畳の上に、はっきりと5センチくらいの大きさの白い羽根が朝置いてあるのを見つけました。びっくりしましたが、とても嬉しかったです。それは、守護天使さんから、ちゃんと守っているから大丈夫よ～というメッセージでした。

セミナーツアーでイタリアに行ったときに、自由時間で買ったのは、大きな天使の翼でした。大きすぎて税関のチェックのところで、通すのが大変でした。苦労して日本に持ってきた甲斐《かい》があって、その翼は日本にはなかなかない大きさで、大活躍しました。

Facebookのプロフィール写真も、天使の姿でその翼をつけています。なんと、同姓同名の越智啓子が70人近くいるので、区別するために天使の姿はただ一人、天使の翼が私だとわかりやすいように役に立っています。

天使だったから天使に変身して天使になるのがとても自然で楽しいです。本来の自分に戻る感じです。

あなたも天使が好きだったら、天使だったことがあるかもしれません。

天使を意識するほど、天使との距離が近くなります。

守護天使は、自分の専用ですが、これから大天使ともどんどん交流していくと、人生がとてもダイナミックに展開していきます。

寝る前に、天使を意識しながら瞑想《めいそう》をしてみましょう！

天使を意識しながら、「天使さんと交流したいので、夢の中でよろしく」～と思いながら目を閉じて、瞑想してみてください。そのまま眠りについて、夢の中で本当に自分の守護天使さんと交流ができます。

自分の意識の広がりが、感覚的にわかるようになると、それが面白くなって瞑想を習慣にしたくなります。瞑想の中での自分の意識が目を開けたときよりも、しっかりと世界を感じられるようになると、現実の自分と目を閉じたときの自分の意識の違いがどんどんクリアになってきて、その続きを感じてみたくて、また瞑想したくなります。それは夢の中での感覚と似ています。夢の中も自由に意識が広がって、いろんな体験ができて面白いです。

つまり、**夢の中と瞑想の中のイメージは、光の世界の本当の自分につながる**のです。

今回の人生で、生まれたときから始まっている表面意識＝顕在意識には、過去に生まれて体験していた記憶は、少ししか残っていません。そのほとんどは、潜在意識に蓄えられています。すべてを覚えていると今回の人生に集中できないので、生まれ変わるときに、過去生の記憶は消されているのです。

ただ、**必要な過去生の記憶は目の奥、瞳の中に隠されています**。

お互いに瞳を見たときに、過去生で縁があった人とは、感じ合って親しくなります。自然に連絡先を交換したくなります。

目は心の窓です。魂の歴史が感じられる場所です。お互いに見つめ合うと目から各々の振動が共鳴して同じ過去生の時代を検索してその場のエネルギーがあふれ出てきます。そして「この人を知っている、結ばれなかった人だ」と思い出して、その時の熱い思いが蘇ってくるのです。それが「ビビッときて」「この人と結婚する」と分かる一目ぼれの現象なのです。

あなたも一目ぼれを体験しましたか？　それとも、これからですか？

人生で、結婚は大切な体験です。結婚相手をこれだけたくさんの人々から探しだすのは大変と思いますが、この**一目ぼれを活用するとあっという間に相手を選ぶことができます**。

私も、今生で3回も結婚しましたが、3回ともこの一目ぼれで相手を選びました。

それぞれに、過去生に悲恋やご縁があります。1回目は、エジプト時代でした。

舞台女優のときに、恋人の子供を妊娠したのですが、子供はいらないと言われて、やむなく怪しい薬を飲んで流産しました、ついでに身体を悪くして自分も亡くなってしまいます。今回の人生では子供を産めない難病になって、それを正直に話しても「大丈夫、現代医学でなんとかなるから」と強引に説得されて結婚しましたが、結局子供が欲しいからと離婚されました。**見事に過去生と逆パターンになっての続き**でした。

2回目の結婚は、子育てがしたくて、二人の娘がいる18歳も年上の男性としました。乳がんで亡くなった彼の妻とは、イギリス時代に姉妹でした。その当時は、私が姉で二人の娘を産んで病死して、妹が育ててくれました。今生は、その妹が二人の娘たちを産んで、そのあとの子育てを14年間、私がすることで、恩返しができました。**子育ての宿題**が果たせました。

年末の大掃除のときに、くしゃくしゃの古い海外用の封筒を捨てようとして、ゴロッと何かが入っているのに気づいて、開けてみたらエメラルドの石でした。

それと同時に、亡くなった前妻＝イギリス時代の妹がふと現れて、「14年間よく頑張って子育てしてくれましたね。私は8年しかもたなかったわ。エメラルドはあなたの誕生石でしょう？　それで指輪を作ったら？」と言ってくれて、自然にハラハラと涙が出てきました。許されて認めてもらえた、これで子育てを終わってもいいのかもしれないと思いました。

自分でデザインして、プチダイヤを二つ加えて、流れるような形の指輪を作りました。**イギリス時代の妹からの、特別なプレゼントのエメラルドの指輪**になりました。

エメラルドの輝きが、癒しの大天使ラファエルのパワーを放っています。
ここぞという大事な日に、はめてパワーをもらっています。

大天使の働き

大天使は大がつくだけに、ドーンとそびえ立つほど**とても大きな存在で、パワフル**です。それこそ大事なイベントをするときや大きな決断をするときには、パワフルな大天使を呼ぶことをおすすめします。「ミカエル、よろしく！」のように。

大天使ミカエル、ラファエル、ガブリエル、ウリエル、アリエル、そしてもう一人、創造主が闇を創ったときに、闇を担当すると名乗り出たルシファーがなじみのある大天使なので、解説していきます。

大天使ミカエルは、一番有名な大天使です。勇気と正義を担当しています。

さらに、日常の細かい応援としては、**探し物を担当**しています。

大事なものが見つからないときに、ふと大天使ミカエルを思い出して、呼びかけてみてください。

「ミカエル～○○が見つからないの～よろしく～」とお願いすると、何度も探したのに見つからなかったところに**ワープして、パッと見つかります**。

あるセミナーの参加者が財布を無くして困って私に探してとお願いが来たときに、大天使ミカエルに頼んだら、車の助手席にポンと置いてありました。すでに本人が5回も探した場所です。びっくりして大喜びでした。

私自身もスマホで体験しています。バスツアーのバスに慌てて乗ったら、タクシーにスマホを忘れたのに気づいて、必死でミカエルにお願いしました。ちょっと席をはずした間に、バスの席の上にポンと置かれていて、完全にスマホがワープしたので、びっくりしました。

大天使ミカエルは探し物が得意です。ぜひ活用してみてください。

大天使ラファエルは、癒しを担当しています。エメラルドグリーンの優しい光に包まれて安心感に満たされます。エメラルドやペリドットなど緑の石を身に着けると、ヒーリングパワーを引き寄せます。

大天使ガブリエルは、神のメッセンジャー、神からのメッセージを預言《よげん》として伝える役割を持っています。「ガブリエル、何かメッセージをお願い～」と呼びかけると、ふとメッセージが降りてきます。ラリマー、ターコイズ、ブルートパーズ、サファイアなどブルーの石を身に着けると引き寄せやすいです。

大天使ウリエルは、神の光、神の炎という意味を持っています。芸術家の守り神とも言われています。クリエーションのときに、ぜひウリエルの名を呼んであげてください。オレンジサファイア、オレンジオパールなどオレンジ色の石を身に着けると引き寄せやすいです。

私も、執筆のときに煮詰まったら、大天使ウリエルを呼んで応援を依頼しています。

大天使アリエルは、神の獅子とも言われていて、地球の自然を守っています。傷ついた動物たちや人々を癒してくれます。地球の癒しを担当してくれています。ちょうど今、地球の地軸が変わる時期なので、地場もエネルギーも、天候も大きく影響を受けて変わるときです。

大天使ミカエル、アリエルも大活躍のときです。

大天使ルシファーは、キリスト教では堕天使として扱われていますが、光を際立たせる闇の役割として、トップにいました。いよいよ光に戻るときが来て、２０２１年5月18日に本当に闇から光に戻ってきました。ルシファーは、キラキラの美しいコバルトブルーの輝きを放っています。サファイア、アジュライト、ラピスラズリなどのインディゴブルーの石を身に着けると引き寄せやすいです。

大天使ルシファーが光に帰ってきたとき、「久しぶり〜」と、寝ているベッドに現れたときは、さすがにビビリました。「私の色を松果体の本の表紙に使ってくれてありがとう！」と言ってくれて二度びっくり。ちゃんと見ていてくれていたと嬉しかったです。

確かに『目覚めよ、松果体』（廣済堂出版）の本の表紙は、ハートの虹色がかったインディゴブルーでキラキラしています。改めて、ルシファーの色は、松果体を活性化する色だったとしみじみ思いました。天使は普通白色ですが、ルシファーだけは、コバルトブルーです。そして超がつくイケメンです。

私も寝ている間にルシファーに呼ばれて、いろんな地下施設に同行したことがあって、その場所を閉じるお手伝いをしてきました。昼間の仕事も普通にこなしながらでしたので、とてもハードでしたが、それだけにやりがいのある光の仕事でした。

アニメ映画「すずめの戸締まり」に後ろ戸として東京の御茶ノ水が描かれていて、びっくりしました。新海誠監督は、闇の施設の場所まで詳しい不思議な人です。きっと光の仕事人だと思います。闇担当の御茶ノ水の隣に光担当の神保町と神田があって、まさに陰陽統合です。地名に神の字がちゃんと入っています。神田は古本屋街で、叡智《えいち》の薄緑色の光を放っています。

文豪が集まって執筆してきた山の上ホテルの場所も、創造性があふれるところです。きっと、創造性のオレンジ色の光があふれている場所だと思います。土地にもそれぞれに、波動があって、7色のどの色合いが強く出ているかで、役割が違っていて、面白いです。

光は分光できるので、とても便利です。そして**粒になったり、波になったりその時々にちょうどいい性質を表に出して、表現**しています。

大天使も大きな光の存在です。それぞれの光の働きを体現していて、必要なとき、依頼されたときに大きく力強く応援してくれます。

もし、あなたが偶然、太い光の柱の写真を撮れたら、大天使の光かもしれません。

かなり、濃い真っ白な光の柱です。うっすらと幅広の弧を描く光は、龍の光の写真です。

龍の光の写真は、うっすらとそして色の光です。

緑色の光の場合は、緑龍です。お天気を司《つかさど》ります。白の場合は、白龍です。

大天使の緑の光は、ラファエルです。癒しの光です。エメラルドグリーンです。

緑龍のエネルギーともつながっています。雨の多い季節にドイツに行ったとき、毎日快晴で緑龍の光が写真によく写り込みました。特に、ヴォイスヒーリングをすると、その波動に反応して緑龍の光が写りました。

龍の働き

緑龍の話が出たところで、龍についても少し話したいと思います。

龍も光の存在です。

龍の色合いがそのまま帯状に、写真に写ることがあります。

龍の形が、そのまま雲の形に表現されることがあります。

龍の意向で、私たちに存在をアピールする方法が選ばれます。

龍は光の存在ですが、ヨーロッパではドラゴンと呼ばれて、闇の使いとされています。とても怖い顔をしています。日本でも怖いにらみつける龍は、4次元の世界にいて、威嚇《いかく》したり脅したり、怖い感じの存在もあります。京都の龍安寺の襖《ふすま》絵の龍は怖い龍です。建仁寺の天井画の双龍は、ひょうきんな顔をしていて、心が和みます。

本来の龍は、光の世界で天使と同じようにサポートする役割を持っています。

私は、小さいころから龍と遊んでいたので、龍とは仲良しです。夢の中では龍の頭や背中に乗って、好きなように飛び回っていました。

今住んでいる天の舞のてっぺんには、ピンクの巨大なローズクォーツの玉が乗っているので、龍がたくさん集まってきます。

多いときは50柱（龍は数えるときに、匹や頭を使わず柱を使います）も来たことがあって、さすがにそのときには、雷鳴がすごかったです。

この本を書いているときにも、龍の大きなイベントがありました。

2022年の8月に、久しぶりに札幌で、過去生療法セミナーがありました。

ピーチの直行便で千歳空港に向かうとき、あまりにもたくさんの龍が飛行機と一緒に併走しているのを見て、思わず龍たちに聞きました。

「何か龍のイベントが北海道であるの？」

「日本の双龍が、でんぐり返って、大きな球作りをするからその応援〜」と驚くような答えが返ってきました。

双龍のでんぐり返し？

北海道と沖縄がそれぞれ頭としっぽになって、双龍が69状態になっているそうです。

龍のラブラブ？　と思うかもしれませんが、エネルギー的に双龍が陰陽のように重なり合って、必要なときにでんぐり返しをして、**巨大な龍パワーを集めて大きな球を創ること**

で、**地球のトーラスが新しい文明を始めるエネルギーを生み出す**のだそうです。それで、応援のために琉球沖縄からたくさんの龍たちを引き連れて、北海道にやってきたのでした。

私たちの人生に見えない世界の天使や龍が加わってくると、さらにエネルギー的にダイナミックになって、面白い展開になりました。

ここで、宇宙は球のワークをしましょう。

目覚めのワーク③　宇宙は球のワーク

宇宙は球～宇宙は球～体験するほど、丸くなる～
宇宙は球～宇宙は球～突き抜けたら、天然アマ～アマアマ

両腕で、好きな大きさの玉造りをイメージします。突き抜けたらのところは、両手を合掌して上にあげて、天然アマのところで両手を広げ、アマアマで、天の川銀河をつながる意識を持って両手を広げてヒラヒラと振ってくださいね。

セミナーの後、『人生のしくみ』（徳間書店）の本から夢のコラージュワークが飛び出し

て、楽しい夢実現のプロセスを高め合いました。講演会は、札幌チームが作ってくれた松ぼっくり姫の衣装で、松果体を活性化する講演をすることができました。やはり、札幌チームが作ってくれた千手観音の大人のランドセルを背負って、身体を張って、千手観音のワーク「あの手この手の千手観音～」を何度も唱えながら、自分の宇宙に千手観音が存在することをワークから体感してもらいました。

ワークが続きますが、せっかくなので、千手観音ワークもやりましょう！

目覚めのワーク④　千手観音ワーク

あの手この手の千手観音
あの手この手の千手観音
あの手この手の千手観音

両方の手を、「あの手この手の」と言いながら、それぞれ好きな方向に向けて、「千手観音」のところで、両手で輪を作り

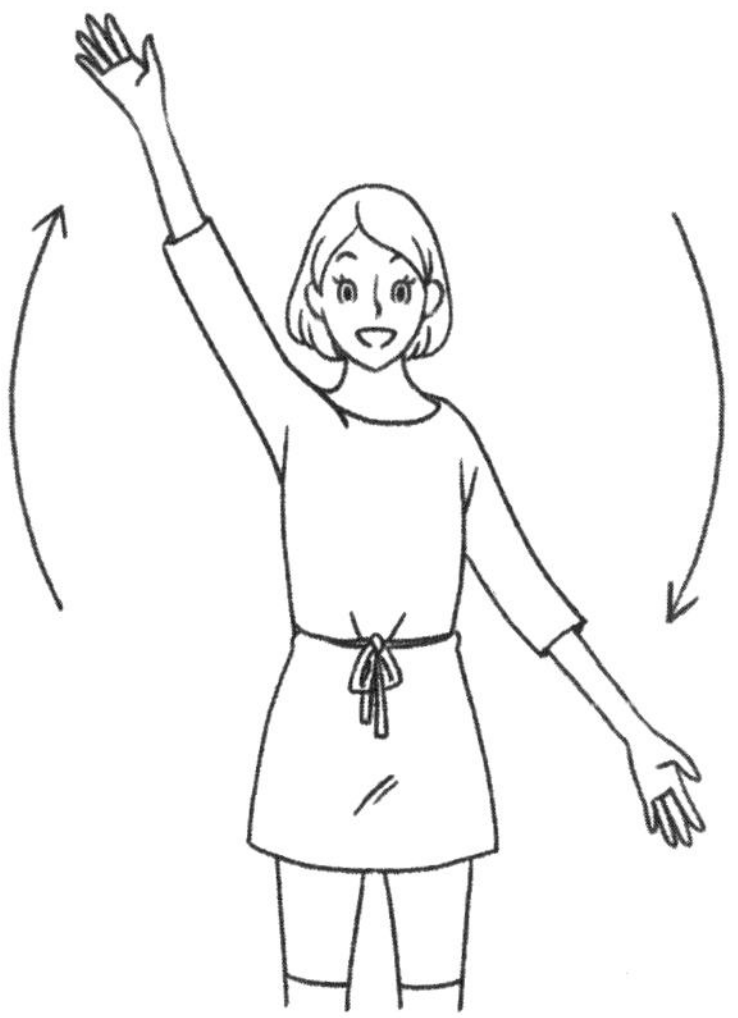

ます。これを3回繰り返すと、何か困難なことにぶつかったときに、きっと思い出して、あきらめずに、あの手この手を思いつくようになります。

大爆笑が連発する中、龍たちも大喜びのイベントが無事に終了しました。

そして、8月8日、龍月の龍の日に沖縄に戻ったのですが、その日から長万部《おしゃまんべ》というアイヌの聖地にある飯生《いいなり》神社の境内から、30mにも達する水柱が噴出し始めました。まさに龍柱です。龍は水の神さまとも言われています。

龍のエネルギーが動いたことを形にして見せてくれました。

その水柱は、それから50日間も噴出を続けて、観光客が来るようになりました。

前述した主人の交通事故と緊急手術の日、9月21日から、その水柱が弱まり、主人が退院した日の前日26日にピタッと水柱が止まりました。

あまりにもそのタイミングが一緒だったので、これは何か意味がある〜つながっていると感じました。主人の名前が伊地ヨンで、ヨンは韓国語で龍の意味があります。まさに龍つながりだったのです。きっと、水柱＝龍柱だと思います。

私は小さいときから龍の背中に乗って飛び回って遊んできましたので、龍とはとても仲がよくて、龍の本『龍を味方にして生きる』（廣済堂出版）を書きました。

表紙がカラフルなピンク龍で、とても面白い本なので、龍が好きな方は、ぜひ読んでみてください。今こそ龍が大活躍する時代です。地球に大きな変化があるので、助っ人として大天使や龍の応援を必要としているのです。

龍も天使と同じように、私たちが本来の光の自分を思い出すために、応援してくれる存在なのです。

龍が好きな人は、龍を意識して、天使と同じように、龍とつながりましょう！

龍たちは喜んで、あなたのリクエストに応じて応援してくれます。

お天気のことは緑龍に、人間関係は水色の龍に、愛についてはピンク龍に、スピリチュアルな覚醒には紫龍に、土地問題は黒龍に、お金の問題は金龍に、夢実現には赤龍にお願いしてみてください。速攻で飛んできて、素晴らしい段取りをしてくれます。

天使も龍も段取りが上手です。実は私たちも光の存在を意識して生きると段取り上手になります。それが光の世界の流儀だからです。

私たちが本当の自分に目覚めると、光の存在のように、段取りが上手になります。

私たちの表面意識は理解できなくても、私たち自身がすでに守護天使の段取りの素晴らしさの応援をもらって、段取りよく人生を歩んでいます。

結局はあとから振り返ると、偉大なる魂さんの段取りの素晴らしさが見えてきます。この世に降りてきて、様々なやりたい体験をたくさんこなすために、いろんな段取りの道筋がからまっています。

いろんな夢実現＝今回の人生で体験したいこと、がいくつもの道筋をたどって、ベストタイミングに叶っていきます。

自分の表面意識は、いつどのような段取りで実現するのかは、細かくわかっていませんが、偉大なる魂は知っていて、すべてが流れるように次々と叶っていくのです。

本当に宇宙の真理のエッセンスは、「すべてはうまくいっている〜」です。

龍の身体の曲線が、光の特質の波を表しています。そして、手に持っている玉が光の特質の点、粒を表しています。それぞれに何気に光の特質を表現しているのです。

そして、龍に依頼すると、龍は玉に依頼人のエネルギーの情報を入れて、夢を叶えるパワーを与えてくれます。その玉のことを宝珠や如意宝珠と言って、素晴らしいパワーを持っています。

これから龍にお願いをするとき、龍の玉もちょっと意識してください。その方が、さらに応援のパワーが強くなります。イメージで、龍から一度龍の玉を受け取って、その玉に自分の思いを注入して龍に返すのです。ぜひ瞑想で龍の玉をイメージしてみてください。

イメージする方が、確実です。クリスタルの玉を持っていたら、それを持って瞑想すると、かなりパワーアップします。

とても楽しいので、龍の玉で遊んでください。イメージで龍玉を持つと、まるで魔法使いになったかのように、何でもできてしまいます。魔法の宝珠を上手に使いこなすと、日々の生活がもっと魔法を使える楽な生活に変えられます。

龍族が龍の彫り物を創ると必ず、クリアクォーツの玉を手に持たせます。水晶球です。アニメで有名なのが、「ドラゴンボール」です。まさに龍の玉です。

あなたも素敵な龍使いになれます。

この世＝現実世界のしくみ

私たちは、全員が光の世界から来ていますが、**この世＝現実世界とは、光の世界から見ると、思いで創る仮想世界、バーチャルな世界、人生劇場、人生の舞台**のように見えます。

多くの人々は、この世が本当の現実の世界だと信じています。でも実際には、意識を変えると一瞬で別の世界に変わります。

この世は、仮想世界です。肉体という地球服を着て、様々な体験をまるでゲームのように、舞台で演じるように楽しんでいるのです。

クリニックに、ちょうどわかりやすいケースがありましたので紹介します。

50代の女性で、相談したい悩みを聞いてみると、

「自分がわからないのです。二重人格ではないかと思います。明るくふるまっているけれど、極悪非道な自分もどこかにいる感じがしてしかたがないのです」

それで、愛と笑いの過去生療法をして、人生の謎解きをしてみました。

「イギリスと中国で裁判官をやっていました。それで、ちょっと上から目線のところが残っているかもしれません。アメリカでマフィア、江戸時代に日本でヤクザもやっていました。

でも、すべて舞台のようにその役を演じただけです。たくさん生まれ変わっているので、どうしても悪役のときがあります。そのせいで、不必要な罪悪感がハートを被っています。沖縄の香りの伊集ぬ花を嗅いで、ハートからベリッとはがして、ベリーグッドになりましょう！」と最後は可愛いギャグで締めました。

彼女は、一緒に来院した親友との関係も謎解きしました。インディアン時代に兄と弟で、彼女が弟でした。矢が飛んできて、兄がかばって代わりに矢を背中に受けて、その矢が毒

矢だったので、毒消しが間に合わなくて、兄が亡くなってしまったのです。

親友に会えたときに、「あ〜やっと会えた」と心の底から思ったそうです。

親友がうつになったときに、ずっとそばにいて、支えることで恩返しをしました。

恩返しができたら、魂の宿題が終わって、自由になります。

インディアン時代の兄弟の解放ができて、ちょうどこれから個人の違いを認め合いながら、みんな平等というインディアンの世界観が広がります。タイミングもバッチリです。

彼女の親友が診療室に入ってきたときに、羽根を付けたインディアンの青年が栗毛色の馬に乗っているイメージが見えました。今生でも馬が好きで栗毛色の馬に乗っているそうです。ちゃんと過去生からの習性が今まで続いていたのです。ずっとつながっていたのです。

あなたにも、**無性に助けたくなる人**がいませんか？　きっとその人が**過去生であなたの命の恩人だったかも**しれません。気がすむまでその人を助けてください。**気がすんだら、恩返しが終了**です。おめでとうございます。大きな宿題が終わりました。これで自由です。

自由を満喫しましょう！

自由だ〜自由だ〜と**自由だ音頭のワーク**をしましょう！

目覚めのワーク⑤　自由だ音頭のワーク

両手を広げて、万歳しながら、楽しく自由を味わってください。

自由だ〜自由だ〜自由だ〜

これを繰り返して、解放できたあとに、万歳をすると大きな喜びになります。表面意識も納得して、次に進めるようになります。

もし、あなたにどうしても自分を許せない気持ちが強く残っていたら、それは過去生で悪役を演じたときの不必要な罪悪感が残っているからです。

悪役を演じたからといって、素の自分が悪いわけではなく、その体験をしてみたかっただけです。そう思って、もう一度まわりの人間関係を見つめ直すと、今までと違って見えてきます。あなたをひどくいじめる人は、あなたの人生の舞台で、許す愛を体験するために特別お願いした、悪役大スターなのです。
その人がいないと許す愛を体験できません。
愛の星・地球で、最後の愛のレッスンが、許す愛なのです。
許せない人がまわりにいたら、いよいよあなたは許す愛のレッスンを受けています。
おめでとうございます！　お好きな星へ旅を続けます。
光としての自分は、永遠のいのちの旅を続けるからです。

大好きなシンガーソングライター藤《ふじ》井《い》風《かぜ》さんが、２回目の紅白歌合戦で、世界に広がった「死ぬのがいいわ」を見事な強烈なインパクトのある演出で歌い、白組で一番よかった曲の一位になりました。この曲は、いつも紅白歌合戦の最後に石川さゆりさんの熱唱を聴いている「天城越え」と同じような恋愛の極限を歌っているのかと思っていました。ところが、何と年末の特別番組で、あなた＝理想の自分＝ハイアーセルフと本人が解説していて、ひっくり返るほどびっくりしました。どこまでも宇宙の真理を表現していて、とても深いです。
本当の自分＝ハイアーセルフと離れるなら、死ぬのがいい、光に帰るのがいいという意味だったのです。目覚めないなら、光に戻りましょうと言っています。

目覚めを促すすごい歌だったのです。それをあたかも極限の恋の歌のように見せて世界中に広げてしまう歌のすごさを改めて思いました。ぜひ聴いてみてください。

音楽は、あっという間に音に乗せて、言葉に乗せて、世界中の人々の意識を変えることができますね。

一人のクリエーションが世界を変えることができます。

一人の祈りが世界を変えることができます。

巨大な光が自分を知るために、個々の光に分光して、長い旅路を続けてきて、ここまで来ました。素晴らしい流れです。きっとサムシンググレイトは、大満足していると思います。

コロナ禍で、さりげなく大々的に、鬼滅大作戦で大きな変化を促してきました。**すべてに意味があって、いろんなことが同時に起きています。**だからこの世は面白いのです。我々地球人が創造してきたこの世を大きく変えながら、たくさんの学びをして、新しい地球へと導かれていきます。

幕開けの第1章が終わります。わくわく楽しみながら、次へと進んでくださいね。

第2章

SECOND DOOR

光であることを「体感」する

光であることを体感・体験するには？

自分が光であることを感じたことがありますか？

本当はしっかり私たちは日々感じているのです。

例えば、寝るときに、目を閉じても、光を感じたことがありませんか？

部屋が暗いのに、目を閉じても光を感じるのは、自分の中の光を感じています。

これが、一番シンプルに日常的に、体験しやすいことかもしれません。

とてもその日が幸せいっぱいで、気持ちよく眠りについたとき、自分の内なる光が漏れ出てそれを感じることができるのです。

生きていてよかったと感じるときは、自分の表面意識の波動が高くなっていて、自分の奥深い魂とつながりやすくなっています。

だから毎日の生活の中で、「幸せ～生きていてよかった～」としっかり感じるようになると、その日の夜寝る前にピカーッと光を感じることができるのです。

それには、シンプルに、**今に生きること**です。

今というこの瞬間にフォーカスすることです。

そして、しみじみと**今体験していることを味わうこと**です。過去のことをくよくよ悩まずに、未来のことも心配しないで、ひたすら今の体験に集中することとです。それによって、**自分のパワーが今のために使えて最高の今・今・今**が連続して、自分の中にある宇宙の中心にどんどんはまることができます。すごいパワーがあふれるようになるのです。急がばまわれです。


パワフルになるには、今この瞬間に意識を集中してみましょう！


「ああ今日も無事に目覚めることができて、ありがたい、今日はどんな体験ができるかしら～」と朝起きられたことに感謝して、朝のルーティンワークをこなしていきます。このルーティンを丁寧に、愛を込めてこなしていくと、波動がぐんと上がっていきます。

私は、お風呂に入るときに「ああ、気持ちいい～幸せ～ありがたい～」と自然に声が出て、生きている幸せを心底感じています。

ベッドに入って、気持ちのいい羽根ふとんに包まれたときにも、「ああ～今日も無事に終わった、いい一日だった～」としみじみ感じています。

日常の何気ない一つひとつが、自然に自分が光であることを感じる最短距離です。それが自分の中にある光を感じることにつながります。

そして、そのまま光の世界に突入して、夢の中で会いたい人に会ったり、海の上を飛んだり、思いのままに過ごすことができます。それによって、エネルギーチャージができます。

精神世界では、よく「今に生きる」ことを推奨します。それは、**自分が光であることを感じるために、さらに今の中に過去も未来もすべて含まれていることを伝えようとしているのです。**

ちょうどここを書いているときに、ぴったりの症例がクリニックに再診の形で来てくれました。宇宙や宇宙人が大好きな女性です。どうしたら、私のように宇宙船に乗れるのかをよく聞いてきます。「まず、私は宇宙船に乗れる〜と思うことですよ〜」と話しています。

今回は、はっきりと、母船に乗っている証拠が提示されました。

「啓子先生、カラフルなCという字が見えたのですが、これは何ですか？」

「それは、母船でもらう凝縮された情報の意味です。英語の凝縮された＝condensedのCです。だから、ちゃんと母船に乗っていますよ〜おめでとう！」

と解説したら、目をキラキラさせて大喜びでした。

「寝るときにそばを光がサーッと通っていくのですが？」

「それは、自分の内側の光があふれ出て、通り抜けている状態です。瞑想がしっかりできている証拠ですよ、おめでとう！」

これにもびっくり喜んでいました。

前回の診療で、瞑想の仕方を聞かれたときに、笑いながら瞑想するように勧めたら、朝方大笑いをしながら目が覚めてびっくりしたそうです。彼女は、寝ている間、「あの世で笑いの学校」の講師をしているのです。そのため、寝る前の瞑想の導入として、笑いを勧めたら、バッチリでした。

私も「あの世の笑いの学校」の講師をしています。

あの世に「笑いの学校」があるということは、それだけ笑いが大切だということです。この世であまり笑わなかった人は、あの世で「笑いの学校」に行くように勧められています。

ある患者さんの診療のときに、がんで亡くなられたご主人のことを聞かれました。ずっと病院で外科医をしてきて、とても頑固で真面目な人だったそうです。

「主人はどうしていますか？　ちゃんと光の世界に帰っていますか？」

と聞かれたので、「はい、ちゃんと光に帰られていますよ～入院中にご主人に死んだらどうなるという大切なことをあなたが伝えたので、覚えていました。ただ、あまり笑わな

かった人生だったのであの世で笑いの学校に行っています」と話したら、

「光の世界に帰ることができて、本当によかったです。元気なときは私が啓子先生の本をすすめても読んでくれなかったのに、入院してそろそろお迎えが来そうという感じになってから毎日、**『死んだら自分を守ってくれていた守護天使が見えるようになるから、まぶしい光の方に行くのよ〜光の世界に帰れるから〜』**と耳元で話しかけていました。


それがよかったのですね〜嬉しいです。それに『笑いの学校』に行っているなんてびっくりです。笑いヨガも誘ったのに、鼻で笑って相手にしてくれませんでした。主人には笑いが必要です。大人しくアドバイスに従って参加しているのですね。安心しました」

「『笑いの学校』では私も講師をしていますから、大丈夫ですよ〜」

「ますます安心です。もし主人を見かけたら、よろしく言ってください」

と、このような面白い会話がはずみました。


男性は、現実的で、なかなかスピリチュアルなことを理解してくれませんが、このケースのように亡くなるギリギリのときでも、「人生のしくみ」を話してあげると、守護天使に導かれて「光の世界」に帰っていくことができます。

やはり、ご主人が亡くなったのに、明るい女性がお礼にと再診にいらしたケースもありました。私の代表作『人生のしくみ』をしっかり読み込んでいたおかげで、ＩＣＵに１日だけ入院して亡くなったご主人に、意識はなくても耳元で大切な「人生のしくみ」について伝えておいたら、夢の中にご主人が現れて、「死んだらどうなるかをちゃんと伝えてくれたおかげで、光の方に近づいたら、守護天使さんが導いてくれて、とても気持ちのいい光の世界に来ることができたよ～本当にありがとう！」と感謝されて、それが嬉しくてうれしくて、わざわざ本土から報告に来てくださいました。私も、とても嬉しかったです。

ずっと、癒しの本を書いてきてよかったとしみじみ思いました。頑張って、自分で本を書いてきて、確かに大変な作業でしたが、このような報告を頂くと、とても報われてまた元気が出てきます。そのおかげで、ずっと20年間も本を書き続けてこられたと思います。

あなたも、この本を読んでくださって、本当にありがとうございます。とても嬉しいです。

ここで、ルン・ルと呼ばれるデルタ脳波速読法の植原紘治先生の面白い話を紹介します。デルタ脳波速読法をしているときは、ほとんど死んでいるのと同じ状態だそうです

でも心肺停止ではなく、心配停止状態になって（ここはギャグです。笑うところです）、何の悩みもなく恨みも執着もなくなって、意識が変わり、本の中からあふれ出ている波動、光の柱を感じられるようになるそうです。素晴らしいです。

本は、確かに書く人の波動、意識がドンと入ります。本をパラパラとめくるだけで、瞑想状態になって、本の中からの光が感じられるようになると、今まで書かれたすべての本のエッセンスが波動で伝わってきて、それが一つの文字になって、何と大日如来の梵語の「ア」という宇宙の根源の音に行きついたそうです。

それを読んでいて、ハッとしました。

以前、海の舞のために、大きなクジラの絵を描いていたときに、シロナガスクジラが万歳をしているパワフルな絵を描いたら、その絵の中のシロナガスクジラから梵語を頭に乗せて欲しいとテレパシックにリクエストが来ました。

シロナガスクジラと交流しながら選んだ梵語が、大日如来の「ア」でした。

宇宙創生の音がア〜オ〜ンですから、最初の「ア」はとても大事です。梵語の「ア」を頭の上に描いただけで、すごくパワフルなクジラの絵になりました。

海の舞の海カフェに飾っていますので、海の舞での講演会や過去生療法セミナーにいらしたときに、ぜひご覧になってみてください。

ここで、ちょっと手を休めて、宇宙創生の音、ア〜オ〜ンを声に出して唱えるワークをしてみましょう！

目覚めのワーク⑥

宇宙創生の音「ア〜オ〜ン」を唱えるワーク

ア〜オ〜ン、ア〜オ〜ン、ア〜オ〜ン

クジラが海から頭を出すイメージをしながら、唱えてみてください。

素晴らしいクジラのパワーも加味されます。


クジラは、海の中の哺乳類としては最大の大きさとパワーを持っています。

シリウスやプレアデスから地球に転生してきた魂は、地球に慣れるために、クジラかイルカを体験するそうです。クジラやイルカが大好きな人は、きっと地球に転生する前に、シリウスかプレアデスにいたかもしれません。

そういえば、クジラの吠《ほ》える声は、ワ〜オ〜ンです。ワの中にアが含まれています。

くっつけると、ワオン＝和音になります。統合されるエネルギーですね。

きっと、クジラも海の中でゆったりと呼吸しながら瞑想しているのかもしれません。

確かに、**光であることを体感・体験するには、瞑想が一番てっとり早い**です。

瞑想とは？

瞑想とは、とてもシンプルで、目を閉じて自分の中に意識を向けることです。

瞑想は、目を閉じて、自分の中に、つまり、内なる宇宙に意識を向けることです。

できれば、朝と寝る前に瞑想するのが理想的ですが、もちろん、やりやすい好きな時間で大丈夫です。瞑想に慣れてくると、究極は、座らなくても、目を開けていても瞑想状態になってきます。

瞑想を習慣にすると、覚醒《かくせい》は早くなります。

これは、ヨガと瞑想を広めるために、アメリカに移り住んだインドのヨギ、パラマンサ・ヨガナンダさんの本『あるヨギの自叙伝』（森北出版）にもしっかり書かれています。

この本は、大著で500ページ以上もあるので、この本をパラパラとめくって、ルン・ル＝デルタ脳波速読法をしたら、とんでもなく光があふれ出て、すごいことになるかもしれません。

覚醒状態のサマディにあっという間になるかもしれません。面白いのでさっそくやってみました。さっそく効果が出ました。

やはり、サマディ状態になって、すごいスピードで、本がスラスラ書けるようになりました。書く瞑想状態に突入です。スピードアップは、とてもありがたいです。たくさんのことが体験できるからです。

なぜ瞑想が大切なのでしょうか？

瞑想によって、自分の内なる宇宙に意識が飛んで、思いがけない展開になれるからです。人間の本質の意識だけの状態になれて、自由自在に意識の旅ができるからです。究極は、宇宙の根源にまで行くことができます。

瞑想は、目を閉じて意識を自分の内側に向けるだけです。とてもシンプルです。

あるいは、何かに集中して夢中になることです。

お片付け瞑想、断捨離瞑想、掃除瞑想、散歩瞑想、お料理瞑想もありです。その先には、ずっと意識して、瞑想状態で暮らせるようになります。

瞑想についてとても大切なことは、**意識がすべて**だということです。

意識をどこに向けるかで、その瞬間の自分の世界を創造します。

瞑想がとても大切なのは、意識を自分の中に、集中するために、目からの情報を断つことをします。だから目を閉じるのです。目からの情報は、なんと75%もあります。

だから、私たちは、どうしても見えている世界を信じてしまうのです。

目を閉じることで、意識が目に映る世界から遮断されて、視覚以外の感覚でとらえようとします。

肉体の目を閉じれば、第三の目が開いて、見えない世界を見ることができます。

自分の意識が向くところにフォーカスできて、その世界とつながります。

自分の思いで創った内なる宇宙に意識を向けるとどんどんその世界に入って、ついには根源の世界に到達します。

脳のほぼ中心にある松果体という松ぼっくりの形をした8～9㎜くらいの内分泌腺が反応して、そのエネルギーがクルクルとスピンして、ユニコーンの渦巻き型をした角のようなアンテナが感じ始めます。

内なる宇宙が作動してそのときの自分に必要なエネルギーや情報を引き出して、瞑想中にイメージや内なる声として現れてきます。

最初のうちは、いろんな雑念が出てきてそれに戸惑うかもしれません。

例えば、「今日の夕食は何にしようかしら？　冷蔵庫にあるのは何だったかしら？」と日常生活で一番気になっていることが浮かんでくるのです。

雑念によって、自分が今何に意識を向けているかがよくわかります。

瞑想中の雑念は、潜在意識の表層のお掃除なのです。

気にしないで、スルーしていると、段々出なくなってきます。

しばらく辛抱して、雑念にもめげずに瞑想を続けていると、潜在意識を通りこして、内なる宇宙へ突入できるようになります。

目を閉じているのに、光を感じ始めます。とても明るくて最初はびっくりします。それも気にせずに瞑想を続けていると、自分にとって、とても大切な意識の旅が始まります。

今までの感覚から脳も身体も解放されて、自分の意識の世界につながります。

意識が自由にいろんな世界、宇宙に広がることができるのです。脳波のθ《シータ》波状態になります。至福の感覚です。未来の自分と対話もできます。不思議な感覚です。

最初に私が瞑想したときに、不思議な体験をしました。大きな目が出てきて、それは、後からシバ神の目だとわかるのですが、その目の中に深く入っていったら、そこは青空で鳥が飛んでいて、雪山が出てきました。

まるでチベットの山々のように険しい高い雪山が広がっていました。意識はどんどん地上に降りていくイメージが続いて、そこにポタラ宮殿が見えてきました。さらにその中に入って、もっと下に行ってみたら、地下道があってどんどん下に行くと、地底都市のようなところに行きつきました。それが地球の中の世界、シャンバラの世界だとあとからわかりました。

私は好奇心から、先がどうなっているかを知りたくて、どんどん奥を見て回りました。

シャンバラの世界は、地下なのに、海も山もあって、輝く太陽もありました。これは、セントラルサンと呼ばれるそうです。

モーゼのような白髪と白髭のおじいさんが住んでいる小さな可愛い家に意識が移動して、中に入っていったら、そこからおじいさんに

「行きたい星にここから行けるよ〜どこに行きたい？」と聞かれて、

「マゼランとシリウスとプレアデスに行きたいです」と即答したら、

すぐに、宇宙船の発着場所に移動して、あっという間に三つの星を探訪しました。

意識の世界は自由自在です。**瞑想の中では、意識は自由に移動できる**のです。

瞑想の中で見たいろんな光景を、他の人と共有できますし、瞑想の中で、いろんな世界にワープできることがこの体験でわかりました。

瞑想は、この3次元の物質界と、高次元の世界をつなぐことができます。とても便利な方法なのです。

ぜひ、この機会に瞑想を新しい習慣にして、高次元の世界とつながりましょう。

この本で、できれば、あなたが目を閉じなくても瞑想状態になれるところまで解説できたらと思っています。目を閉じての瞑想は、入門なのです。それがバッチリできると、目を閉じなくても集中することで、波動の高い世界とつながることができます。

瞑想の一歩は目を閉じて

まずは、目を閉じる瞑想の一歩から始めましょう！

心地よい静かな場所を選んでください。しばらく目を閉じていても安心な場所を見つけます。そこであぐらをかくか、椅子に座るか、自分が楽だと感じる姿勢で始めましょう。

最初は、目を閉じて自分の中に意識を向けると思ってください。しばらくは真っ暗かもしれませんが、慣れてくると目を閉じても明るくなってきます。光を感じたり、イメージが出たり、それを**素直に受け入れて感じるままに感じて**いきます。

意識は受け入れると、どんどん深い世界に入ることができます。

そのときに、必要な世界にワープしていきます。

意識は、自由自在ですから、瞬間に飛びます。色光が見える人もいます。

もともと私たちの本質は光で虹と同じ七色を内蔵しています。その虹の色が瞑想のときに感じられたら、最高に楽しいです。

さっそく、ここで瞑想をワークとしてやってみましょう！

目覚めのワーク⑦　瞑想するワーク

心地よい場所を選んで、リラックスして、目を閉じて、自分の中の世界に意識を向けます。

アロマが好きな人は、ピンときたアロマをティッシュにつけて、嗅いでみてください。香りのお線香やお香をたいてもOKです。お香ならサンダルウッドを、アロマならラベンダーやベルガモットをおすすめします。

クリスタルが好きな人は、気分で選んだクリスタルを両手に握ってみてください。

BGMは好きな音楽を少し小さな音量にして、ない方がいい人は、なしで大丈夫です。

あるがまま、起きることをすべてそのまま受け取ってください。

しばらくの間、心地よい意識の旅を楽しんでくださいね。

いかがでしたでしょうか？

私も今、このタイミングで瞑想してみました。ダブルレインボーが出て、とても気持ちのいい波動のシャワーを感じました。天からの祝福で、この本も祝福されているように感じられて幸せいっぱいです。

虹が頻繁に出て見ることができるのは、天からの祝福を受けているのです。

宇宙はあなたのことをすべてわかっていますので、瞑想を始めたら、宇宙はとても喜んで美しい虹を見せてくれて祝福してくれます。

そのときは、何か行動していても、ちょっと止めて、虹をしばらく見てください。それによって、あなたの中の虹色が活性化されて、さらに自分が今体験している色合いがさらにクリアになってきます。

なんとなく感じていたことが、瞑想をするほどクリアにわかってくるのです。

今回の人生から始まった表面意識＝顕在意識が、瞑想することで魂に近づいていきます。

瞑想すればするほど、今まで見えなかった世界が近づいてきます。

雑念に悩まされることがなくなってくると、この体感が楽しくて、瞑想が大好きになります。ぜひ、あきらめないで、そこまで瞑想を続けてみてください。

瞑想が楽しくなってきたら、そこからは自分の偉大なる魂さんが、どんどん導いてくれます。

自動的に、目覚めのプロセスが始まります。

目覚めることは、魂の喜びなので、はずむ気持ちがわくわく感になってきます。

スピリチュアルな意味の目覚めとは、「本当の自分」に目覚めるということです。

「本当の自分」とは、光の自分、意識の自分、波動、エネルギーの自分です。

それぞれが真実で、それぞれの側面があります。

光の自分は、瞑想を続けていると自然に体感できます。いろんな色の光が見えてくるからです。


自分の意識が、とても大切です。

意識を意識することで、自分を俯瞰《ふかん》して見る習慣ができます。

「もう一人の自分」という意識が今の自分の状態を見つめて認識するということです。

この洞察は、哲学的になります。

哲学という学問は、どのように生きていくか、生き方を探究することです。

目覚めるには、哲学も大切な領域になってきます。

高校時代に哲学にはまって、西田幾多郎《にしだきたろう》の西田哲学の「第二の自己」を、瞑想しながら探究しました。彼が言っている第二の自己とは、理想の自分＝ハイアーセルフの意味だと思います。

西田幾多郎の書で有名なのが、『善の研究』です。

本来は、「純粋経験と実在」という内容に即した題名でしたが、出版社の意向で改題されて、そのおかげで多くの人々に読まれました。題名は、本にとってとても大切です。

『善の研究』は、昔図書館で借りて読みましたが、ここでまた読んでみたいとアマゾンで検索したら、なんとkindle版で0円だったので、すぐに読むことができました。素晴らしい時代になったものです。そして、あれから様々な体験をして、本も書くようになって、理解度が断然伸びたおかげで、スイスイと読める自分にびっくりしています。

この本を書くことを通じて、昔はまった西田哲学の探究が一層深まってきます。

西田先生は、41歳のころに『善の研究』を書いています。

私は、代表作『人生のしくみ』を51歳で書いています。10年遅いスタートでした。

西田先生の高校時代の同級生が、なんと鈴木大拙先生で、鈴木先生のおかげで、禅にはまって、20代後半から十数年間徹底的に修学、修行したそうです。

私も小学6年生のときに、鈴木大拙先生の禅の本を読んで感動し、学校から帰ってきて、ランドセルを置いてすぐに座禅を組んでいました。

暗闇の中で座禅をしていたので、

「啓子、暗い部屋で何しているのよ〜」と電気をつける母に叱られましたが、

「ママ電気つけないで、今座禅しているのだから、邪魔しないで〜」と真剣に取り組んでいました。

東京時代に、2番目の夫の娘二人を14年間育てる体験をしましたが、次女が高校生になって、禅に興味を持つようになり、一緒に京都の妙心寺に泊まって、本格的な座禅の体験をしたこともありました。懐かしいありがたい思い出です。

鈴木大拙先生と西田幾太郎先生が同級生でつながっていて、とても嬉しいです。

お二人のおかげで、哲学と禅に目覚めて、今の私があります。

本を通じての学びで、直接お会いしたことはありませんでしたが、私にとっては、目覚めのための大切な師、グルなのです。

西田先生が75歳で亡くなったとき、遺骸を前に鈴木大拙先生が号泣されたそうです。

そんな感動的なエピソードも、スマホですぐに調べられて、感無量です。

さて、ここでせっかくなので座禅もやってみたいと思います。

私は、座禅断食会の主催を5年間やっていたので、座禅も親しみがあります。瞑想と違うのは、目を開けて意識を無にすることです。瞑想に慣れている人には、難しいかもしれませんが、瞑想が進んでいる人には、楽かもしれません。前述したように瞑想が深まると目を閉じないでも瞑想できるようになるからです。

目覚めのワーク⑧　座禅をしてみるワーク

目を開けてボーッと集中します。決して、目に力を入れないで、むしろ緩めてボーッとさせる感じで、まず15分間座禅してみましょう！　あぐらを組んでもいいし、つらかったら椅子に座ってもいいです。

いかがでしょうか？　また瞑想と違った発見があるかと思います。

私も、さっそく座禅をしてみました。目の前の海と入り江を気持ちよく眺めながらボーッとしていると、入り江の木々が話しかけてきました。「今日は絶好調だね～自然界ともしっかりつながっている。この美しい環境を満喫しながらの座禅は最高だね～」と言ってくれて感動しました。I am that I am をしっかりと感じています。

いろんな哲学者の本を読みながら、それぞれの特徴を瞑想の中で意識しながら、確認してきました。

やはり、哲学といえば、まずカントです。

カントの『純粋理性批判』は、最善に生きるために神の存在が必要だという土台があります。これには、ずっと幼いときから神に祈っていた私には、ほっと安堵して読み進めることができる本でました。

私の中では、哲学と瞑想は、しっかりとつながっています。

どうしても哲学となると抽象的になるので、わかりやすくがモットーの私としては、観念哲学よりも実践哲学を今回の人生では探究しています。

この本では、もっと身近な話としての解説をしていきたいと思います。

瞑想の達人

なんと言っても、**瞑想の達人は、ヨギ**です。

パラマハンサ・ヨガナンダの代表作『あるヨギの自叙伝』を読むと、ヨギは、瞑想を習慣にしていて、サマディという無呼吸の状態で、最高の至福感を味わう、神を体感できる体験をしています。

自分が何者であるかを光や意識や感覚でしっかりと体感できる状態まで到達しているのです。

「第十四章　宇宙意識を経験する」の中に、ヨガナンダ自身が、師匠のスリ・ユクテスワから瞑想指導を受けているときに、サマディを体験する感動的なエピソードが書かれています。とても大切なところなので、かいつまんで紹介したいと思います。

「お互いに見つめ合う二人の目に涙が光った。そして、至福の波が私を包んだ。先生は私の心臓のあたりを軽くたたかれた。とたんに私のからだは根が生えたように動かなくなってしまった。

そして、魂と心はたちまち透過性の光の流れとなって外に流れ出てしまった。肉体が抜け殻のようになってしまったが、私の意識は逆にはっきりとして、生きているという実感が強く感じられた。近くのものはすべてあらわに見えて、上下左右前後のいっさいのものが同時に知覚された。…大空の中心が自分の心の奥底にある直感の先端であることを認識した。

壮麗な光は、私自身の中心から宇宙組織のあらゆる部分に放射されていた。永遠の至福の甘露が体内を流れながら脈打っている。そして神の創造のみ声が、宇宙原動機の震動音オームとなって鳴り響くのが聞こえた。

突然、息が肺に戻って来た。自分の無限の広大さが失われてしまったことを知って、耐え難いほどの大きな失望に襲われた」

「あまり恍惚に酔っていてはいけない、お前には、まだこの世でなすべき仕事がたくさん残っている。さぁ、バルコニーの床を掃除して、ガンジス河の堤を散歩しよう」

と師が言われた。

「我々が肉体的には日常の勤めを果たしながら、魂は宇宙開闢の深淵に息づいていなければならないという、霊肉均衡のとれた生活の秘訣を教えられたのである」

以上、ｐ１４８から１５１のところで、大切なところだけピックアップしてみました、いかがでしたでしょうか？

少しは、ヨガナンダさんの宇宙意識の体験が感じられたでしょうか？

神の創造のみ声がオームと鳴り響いたところに、やはり宇宙創造のマントラは、オームでいいのだと再確認しました。

宇宙意識につながるときは、呼吸が止まってしまいます。

宇宙からお借りしている地球服の狭い肉体に意識が戻ってくるときに、再び息を始めるのです。今の意識の25％が残っていれば、なんとか肉体を動かして日常生活がなりたつと言われていますが、最近は20％くらい肉体に留まっていて、80％がどこか別次元の世界に飛んでしまっている体験をしています。

この本を書くようになって、ちょうど地球内部のシャンバラの世界の話、モーゼのようなおじいさんの家の中から宇宙船に乗って行きたい星々に飛んだ話を書いたあと、翌日、その影響で、**久しぶりにマゼラン星雲にまで飛んで**しまいました。それは気持ちいい波動の世界だったみたいで、表面意識はすぐに認識できなかったのですが、どこかに行ってしまっている、かなり遠いところみたいという程度でした。

ちょうど、アロママッサージを受けて、意識が飛んで遠くに行っていることがわかるアロマセラピストだったので、施術を受けたあとに戻ってこられました。

「啓子先生、かなり気持ちのいい世界に意識が飛んでいましたね〜水をしっかり飲んでここに戻ってきてくださいね〜」とアドバイスを受けて、水やハーブティーを飲んだり、お菓子を食べたりして、少しずつ肉体に意識が戻ることができました。


瞑想に慣れてくると、瞑想体質になって、意識が飛びやすくなります。

行きたいところに飛べるので、便利ではありますが、ちゃんと戻ってこないと、ボーッとした状態になってしまいます。

瞑想で身体が浮いて、降りてこられなくなった人もいました。若い男性で、浮きたいと思っていたので、喜んでいましたが、目を開けても浮いたままで地面に降りられなくなって、瞑想仲間と一生懸命に降ろそうとして、しばらくしてやっと降りました。それからは、もう浮きたいと思わなくなったそうです。

私は、普段から意識が浮いているので、これ以上浮きたいと思ったことがないので、瞑想中に浮いたことはありません。

瞑想の達人は、必ずしも瞑想を毎日何時間もしている人ではありません。ずっと座って形だけ瞑想している風にしているだけで、**サマディの状態を体験していないと、ヨギではないのです。逆にヨガや瞑想を日常でやっていなくても、その人の生き方が自分の内なる神を体現して愛そのもので生きているなら、その人もヨギ**だと言えます。

瞑想していない人でも、心穏やかに不動心で愛いっぱい感謝いっぱいに生きている人は、すでにヨギ的な生き方をしているので、わざわざ瞑想をする必要はないのです。すでに聖人のような生き方をして、愛と光を振りまいています。素晴らしいです。

私たちは、光の世界からこの世に降りてきて、様々な体験をしながら、本当の自分に目覚めていくプロセスを日々楽しんでいます。

つまり、**この世での人生は、光としての自分を探究する旅**なのです。

自分のことをどのように理解できるのか、それによって、目覚めの深さが違ってきます。

それで、何回も何回も生まれ変わって、前回の人生のやり残しの続きをやっていることが多いのです。

長い目で見ると、いろんなことを達成しています。

私たちは、なかなかのクリエイターです。

私のこれまでの本に何度も出てきましたが、上《う》江《え》洲《ず》義秀《よしひで》先生を瞑想の達人としてぜひ紹介したいと思います。

上江洲義秀先生は、天の舞の近くの真栄田《まえだ》岬のおむすび山のふもとで、毎晩4時間14年間も瞑想を続けて、自分の中から光があふれて昼間のように明るく照らされ、覚醒された素晴らしい体験をお持ちです。

その時に、「**我光なり、我神なり、我愛なり、我無限なり**」に目覚めて悟られました。

それ以来日本だけでなく、コロナ禍の前までは、台湾、中国、フランス、アメリカなど海外でも光話会を開いて、宇宙の真理と、「明想」の勧めを熱く語っておられました。覚醒してからは、アルゼンチンの馬が心配になって、瞬間移動して、馬のヒーリングをして、戻ってきたら先生から馬の匂いがしたというエピソードがあります。

上江洲先生の超能力を試しにきた青年が、割りばしを名刺で切ったり、スプーン曲げをしたりして「先生もできますか?」と挑発したのですが、「割りばしはごはんを食べるためのものです。スプーンもスープやカレーを食べるものですから、そのようなことはしません」と言って断ったそうです。青年は、割りばしとスプーンを置いて帰りましたが、アパートに帰ってみたら、もとに戻った割りばしとまっすぐになったスプーンがテーブルの上に置いてあったそうです。

このエピソードを聞いて、もとに戻せるほうが、割ったり、曲げたりするよりもすごいと思いました。物質の分子レベルまで意識を合わせることができるからなせる業《わざ》です。

瞑想が慣れてきても、浮いたり、スプーンを曲げたりしないで、ヨガナンダさんのように、精神的な深い目覚めを目指してください。

上江洲義秀先生の本『質疑応答集』の中に、「明想」についての項目がちょうどあるので、紹介します。

まず、上江洲先生は、「瞑想」ではなく「明想」という字を使います。

人間の本質が光なので、光で明るい「明想」と素敵に表現されました。

私は、まだ一般的な「瞑想」の漢字を使っています。

「明想」は、目を閉じているときだけでなく、開けているときも、ずっと「明想」状態であること、そして思い、言葉、表現＝身口意《しんくい》を常に意識して正すことが大切なのだとおっしゃっています。

「身口意を正す」というのは仏教にもある教えです。仏教は、宇宙の真理を説いています。

私は、**「身口意を楽しむ」**ように生きています。なぜなら、私たちの共通した使命は、人生を楽しむことだからです。

「正す」とすると、「いい悪いという二元性」に意識が戻っていくので、さらに統合して突き抜けて、「楽しむ」にすると、さらに意識が広がって、愛が深まると思っています。

地球には修行ではなく遊びに来たの〜

目覚めるときは、いのちの春です。

あなたも、このタイミングを選んで、この本を読み始めました。いい波に乗っています。

人生というサーフィンを楽しんでいますね。

もともと、私たちは、地球に遊びに来たのです。

実は、日本人に生まれてきた魂には、修行好きが多いのです。

私もあなたもそうだと思います。さんざん修行というゲームをして、とうとう飽きてきて今があります。ちょうど修行から楽しむ人生に移行するときに、過去も未来も含まれた無限の今を体験しています。

まさにベストタイミングなのです。

東京の大親友が素敵な家を建てて、快適な環境になりました。以前借りていた一戸建ての家が、セントラルヒーティングが壊れていて、冬がとても寒くて、風呂場のシャンプーが凍るほどでした。トイレに行くにもオーバーとマフラーをして行っていました。

まさに、永平寺での修行を東京で体験しているかのようでした。でもいつまでも修行は続かず、ちゃんと快適な床暖房でパラダイスの素晴らしい環境の家を建てて、ユートピアを顕現しました。

その新しい家で、近くに見つけた素晴らしいインド料理のケイタリングを頂こうとしていたときに、ヨガナンダさんの師匠である聖人ババジさまが登場しました。

ババジさまは、穏やかなエネルギーで、とても若々しい青年でした。肉体を持ったまま２０００年近く生きておられます。

瞑想したままのポーズで、空中に浮いておられました。

ババジさまは、インドの聖人で、肉体を持ったまま２０００年近く地上に生き続けておられます。ずっと瞑想をされてヒマラヤの山奥がメインに存在されていますが、必要があると下界に出てこられて、場の浄化や人々への目覚めを促しておられます。

この時も、永平寺のような寒さの厳しい修行の場から、快適な波動が高くて、たくさんの人々が訪れて目覚める場になる不思議なパワースポットに現れてくださいました。

修行場には、現れなかったのです。快適な明るい場所になってから登場されました。

もう一度、ババジさまが現れたのが、上江洲義秀先生ご夫妻が新居のお祝いにいらしたときです。そのときも「聖なるインド料理」を一緒に頂いて、ドーンとリビングにババジさまが浮いて登場されました。

上江洲先生は、ババジさまの登場にもびっくりされずに、自然体で美味しそうにもりもりと懐かしいインド料理を召し上がっていました。

二人の聖者が向き合っていて、感動で胸いっぱい、魂が躍動して意識がぐるぐる大喜びでした。

上江洲先生も、インド時代にヨギで活躍されたことがあって、その場でもう一度光話をしたいと、日本から600人の人々を引き連れて、インドの懐かしい魂の故郷の地で、光話会をされる予定でしたが、思いがけずコロナが始まって、延期になってしまいました。

いずれ、コロナが落ち着いたら、またインドでの大イベントが行われるはずです。

実現は延期されましたが、600人もの大勢の人々が意識をインドに向けたことで、インドが大きくスピリチュアルに発展しました。

これからインドの時代が到来します。人口もとうとう中国よりも多くなってきました。

国の発展に欠かせない教育も、インドは数学に力を入れることで、大きく発展してきています。ゼロの発見がインドからだったことも、宇宙の根源とつながっていることを表しています。インドの子供たちが二桁の九九をそらんじているのは、驚異的です。自分の中に多次元的世界を構築しやすくなっています。

ババジさまが現れたとき、ちょうど上江洲先生と向かい合っていて、光のビームがあふれて心地よく交流するさまは、びっくりするほどの神々しさでした。まるで花火が近づいて何倍にも輝く感じです。ずっと中国を応援していらした上江洲先生に、新たなインドの火が灯《とも》りました。大きくインドの目覚めの流れが始まりました。

彼女の庭に建てられたピースポールに、何か一言をとお願いして上江洲先生が書かれた字が「全一体」でした。

あらゆるものが全一体化して統合された瞬間、ズンと大いなる光の礎が築かれた安心感が広がりました。

ここで全一体のワークをやりたいと思います。

目覚めのワーク⑨

全一体のワーク

両手を広げて、今感じられる世界のすべてを包み込むように抱きしめて、「全一体」と言いながら自分を抱きしめます。「ブラボー」でまた両手を広げて世界を感じます。これを繰り返してください。


「全一体、ブラボー！」

「全一体、ブラボー！」

「全一体、ブラボー！」


いかがでしょうか？

今感じている世界を抱きしめるのは、最高

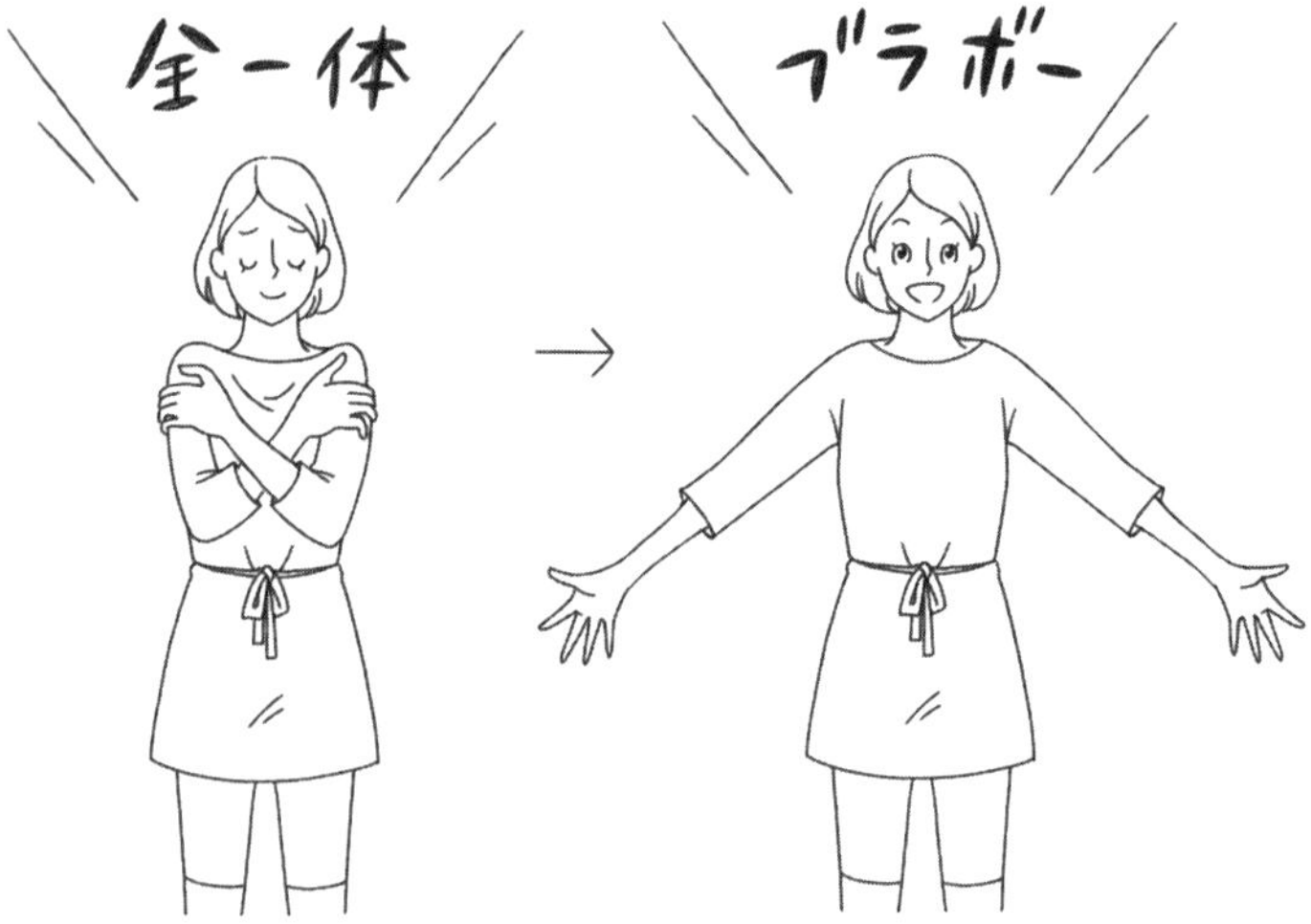

の体験です。

そのピースポールは、渋沢栄一さんのお孫さんである鮫島純子さんからのプレゼントで、日本語、英語、ヒンズー語、中国語で「世界人類が平和でありますように」と書かれていました。五井昌久先生の世界平和を祈る会の素敵な平和活動です。

ピースポールの四面に、どの言語が書かれるかで、その言語の国々の平和を祈ります。

私も、浪人時代から鮫島純子さんの紹介で、千葉の市川にある道場に通って、五井先生の愛と笑いあふれる講話を聞きに行くのが、とても楽しみでした。

その影響で、愛と笑いの治療を続けています。

五井先生は、浄化に柏手と霊笛をされていました。私は五井先生のようなヒュルヒュル～という霊笛は吹けないので、衝動的にヴォイスヒーリングをするようになりました。

ありがたい影響です。

クリニックを開いてからのヒーリング方法のヒントを五井先生の霊笛から頂きました。同じように真似ができなくても、それぞれに自分なりの方法でできればよいのだと思います。

どうしてヴォイスヒーリングをするようになったのかを振り返ってみたら、思い出しました。すべてがつながって、夢が叶っていきます。

宇宙を意識して美しく歩く瞑想

私は最近、**「愛を込めて美しく生きる」と意識するとそのまま「身口意を楽しむ」ことになる**ことに目覚めて、実行しています。

2022年の9月までは、右坐骨神経痛に加えて右股関節がずれて、歩きにくくなり、車椅子で県外での活動をしていました。

つい最近、守護天使の桜ちゃんから、「啓子ちゃん、この本に素適なヒントがあるわよ〜」と教えてくれたのが、本棚にあったKIMIKO著『歩くだけ！』（講談社）というとてもシンプルでわかりやすい本でした。

美しい姿勢で歩くだけで全身リフトアップして、心身ともに健康になるというものです。シンプルが大好きなので、すぐに取り入れて美しく歩いてみました。それも「上に吊り上げられるような意識でお尻をキュッと引き締めて歩く」のです。

せっかくなので、**天の川銀河を意識して、そちらに宇宙からお借りしている身体を引っ張り上げるようにしてさっそうと地球を歩くイメージで、にこやかに歩きましょう！**

あっという間に、変な歩き方が修正されました。脊椎も伸びて、楽々です。「美しく歩く」というチャンネルに合わせたので、心も楽しくウキウキルンルンになってきました。しかも、天の川銀河の中心に自分の中心を合わせて、そちらに向かうように歩くと天の川銀河の中心から素晴らしいパワーを受け取ることができます。松果体がくるくると気持ちよくまわるので、直感やインスピレーションがますます冴えてきます。

まさに、「身口意を楽しむ」ことになっています。「これだわ！」と嬉しくなって、さっそく海の舞でのヒーリングセミナーのときに、参加者の皆さんに実践してもらいました。会場を丸くぐるぐるとまわるだけですが、背筋を伸ばして、ファッションショーで美しく歩いているかのようにイメージして、にこやかに歩きました。

腰痛のあった女性がすぐに楽になりました。

何より、みんなが笑顔になりました。楽しくなったのです。

姿勢と歩き方は、とても大切だとしみじみ感じました。

これは、**「宇宙を意識して、美しく歩く瞑想」**になりそうです。

この宇宙を意識して、美しく歩く瞑想を始めてから、どんどん右側の股関節の痛みが取れて、車椅子から卒業できました。本当におかげさまなのです。

歩くのは、日常なので、どこでもいつでもシンプルにできます。

ただ、ちょっと、意識して「美しい姿勢で」と思うことで、ぐんと歩くことの質が変わり精神的にも明るく前向きになってきます。

きゅっと姿勢をよくして歩きだすと、それだけでスイッチが入って、すてきな時空間に飛べます。波動が上がるのがすぐにわかります。

では、さっそく美しく歩くワークをやってみましょう！

目覚めのワーク⑩
天の川銀河に引っ張られる意識を持って、美しく歩くワーク

ファッションショーで歩く感じをイメージします。胸を張って鎖骨を広げて、笑顔で背筋をスッと伸ばして最高に美しいと思う姿でゆっくりと歩きます。下は向かないでください。

お腹を触って、くびれができるのを確認します。

いかがでしたか？　気持ちがいいでしょう？　背が伸びた感じがしてきます。

脊椎がゆるんで楽になります。

著者のＫＩＭＩＫＯさんが、「ポスチュアウォーキング」（美しい姿勢で歩くこと）を考案するようになったのは、35歳のとき。産後の肥満とむくみから、気持ちも沈みがちで毎日うつうつ状態だったのです。ウォーキングなら続けられるかもと始めたら、歩くだけでスタイルがよくなり、身体のコンプレックスが解消され、心も明るくなりました。

美しく歩くことは、美しく生きることになることを実感して、自分を大切にしよう、自分は幸せな環境にいると気づくようになりました。

私たちは、生まれながらにして、輝くいのちと美しい身体と明るい心を授かっていたことに目覚めたのです。**自分の身体と仲良くなって、大切に、丁寧に、綺麗に正しく動かしていたらいつでも自分の輝きを取り戻せる**のです。

ポスチュアとは、英語で姿勢のことを言います。

身体の姿勢と心の姿勢の二つの意味を持たせています。

心と身体がつながっているので、美しい姿勢にすれば、自然に心も美しく明るくなってくるのです。なんて素晴らしい！　とてもシンプルで、これも宇宙の真理です。

宇宙には、美しい数式と黄金比があります。

数学は、宇宙の美学です。

渦巻きの美しさには、黄金比が隠されています。

美しく生きることは、宇宙的になることでもあります。

銀河の渦巻き、ヒマワリの種の渦、オウムガイの美しい曲線、アンモナイトの化石の曲線も黄金比です。1：1・618です。黄金比でできている創造物で有名なのは、ギリシャのパルテノン神殿、エジプトのピラミッド、モナリザの絵などです。

私たちの第三の目、松果体も形は松ぼっくりで、フィボナッチ数列が隠れて存在しています。フィボナッチ数列とは、0、1、1、2、3、5、8、13、21、34、55、89、144、233、377、610、987……と前の二つの数字を足していく数列です。

大好きな数列です。それが、自分の身体の中にも存在していることが嬉しいです。

ぜひ「美しく歩く瞑想」を日々の新しい習慣にしてみてください。

私も家の中でもさっそうとファッションショーで歩いているかのような楽しいイメージで、にこやかに歩くようにしています。さっそく憧れのくびれができてきました。

手を大きく振って歩くようになり、自然に本来の歩き方が戻ってきました。

美しく歩くことも、目覚めのヒントになることがわかりました。

美しく歩くことは、シンプルで日常生活に取り入れやすいです。

まずは、やってみて、自分で体感して、ピンときたら続けてみましょう。

身体も魂も喜んで、内なる世界から輝きの光があふれ出て、どんどんあなたは輝いてきます。心もわくわくして、前向きになってきます。

一石二鳥、三鳥のすてきな流れになります。

宇宙の美しさに合わせて、目覚めのチャンスにしましょう！

描く瞑想

ここで、描く瞑想が登場しました。

私は、絵を描くことにはまっています。私は、かなりの集中力で、一気に描きあげます。

本当は美大に行きたかったほど、絵を描くことが大好きです。高校時代は、毎日絵を描いていました。クラスメイトはてっきり美大を受けると思っていたようです。

母のアドバイスで、美大から医大に変わりました。これも私の夢実現の流れです。

私の偉大なる魂さんが、母の偉大なる魂さんに大事なアドバイスをお願いしました。

「啓子、画家は才能が必要だから、食べていくのは大変よ~医者か弁護士になりなさい」

難病で病院にずっと通っていたので、病院になじみがあって、医師にしました。

しかも医師になってからも、終《つい》の住み家の天の舞には、アトリエがあって、今でも絵を描き続けています。その絵を天の舞のショップや海の舞の各部屋に飾っています。感無量です。

描く瞑想のおかげで、私の内なる世界が大きく広がりました。見えない世界から見える世界へと表現するツールを早くから使い続けてきました。

天の舞を作るときに、思い切って「瞑想ルームとアトリエが欲しい」とつぶやいてみました。小さいけれどアトリエを創ることができました。しかも瞑想ルームのとなりです。アトリエの下が診療室とつながっている書斎、そして瞑想ルームの下がクリニックの待合室です。天の舞の夢実現プロセスの中で、3人目の設計士さんからは「瞑想ルームとアトリエはできません。あきらめてください」と言われてがっかりしました。それで、設計士さんを思い切って替えました。

そして本命の4人目の設計士さんは、「大丈夫です。ちょうどクリニックの上にはまりますね~」と笑顔で嬉しい返事がありました。

自分にとって大切なことにこだわると、大事なものが残ります。

そのおかげで、**自分の仕事場と、創造性の源泉の場がつながりました。**

この環境も瞑想と祈りを続けてきた賜物で、授かりました。

思いが自分の世界、人生を創っています。

まさに、私自身の人生の流れを探究すると、いろんなことがわかってきます。とても便利です。

私は、絵を描くことが楽しくて、アトリエで、赴くままに絵を描き続けてきました。絵を集中して描いているときは、まさに瞑想状態です。表面意識が大人しくなり、無の境地で描いています。私にとっては、至福のサマディ状態です。

アトリエは、とても小さくて、エアコンもなく自然界のままですが、そこでコツコツと絵を描き続けてきました。天の舞のショップに8枚、瞑想ルームに6枚、アトリエに9枚、海の舞に58枚、飾っていない絵が数枚あります。

今は、聖人の絵と、カタカムナウタヒの80首を絵で読み解こうとしています。すでに52首まで絵を描いていてその内40首までは海の舞のイルカホールに飾っています。

聖人の絵は、レオナルド・ダ・ヴィンチのサルバトール・ムンディ（救世主）という、イエス・キリストの肖像画です。レオナルド・ダヴィンチの最後の作品で、「男性版モナリザ」と呼ばれていました。アラブの石油王子が５１４億円で買ったと話題になりました。公開されない絵と聞いて、描きたくなりました。

２０２０年のクリスマスイヴの日に描き始めて、26日に描き終わりました。

画集を見ながらでしたが、だんだん自己流になって、ガウンを沖縄の鮮やかな青に変えたり、黄金の後輪を描いたり、左手に持つ水晶の玉を少し大きく描いたり、右手を少し大きめに描いたり、髪の毛を金髪にして、佐渡島の金粉を塗り込みました。自由にやりたいように変えていきます。そこが、描く瞑想の奥深い自由さです。

これが**瞑想状態から、自分の世界の中での創造へと発展する楽しい流れ**です。

自由に絵を描くことに慣れてくると、自然に自分の創造性のソース（宇宙の根源）からインスピレーションが働いて、必要な領域に意識が向いて、そこに思いのエネルギーが集中して、欲しい部分をダウンロードします。

私のエネルギーの中に、レオナルド・ダ・ヴィンチのエネルギーが５％、ゴッホのエネルギーが３％ミックスされているので、そこから絵を描く才能の引き出しが開いて、創造性に加味されています。

レオナルド・ダ・ヴィンチは、完璧主義のせいか描き上げるのにものすごく時間がかかり、生涯で16枚しか描いていません。67歳で亡くなったのですが、自画像を見ると80歳かと思うほど老けて見えます。モナリザを描くのに4年もかかりましたが、それでも加筆を続けて、依頼人があきらめてしまうほどでした。サルバトール・ムンディは、10年かかりましたが、最後の作品なので、まだ描き続けたいという思いが残っているかもしれません。

彼がいろんな発明をしているのは、絵を描く瞑想をずっと続けていたからだと思います。だからあまり大量に描かなくても、一枚の絵をずっと描き続けていれば、見えないカムの世界につながることができるからです。彼が左手で鏡文字を書いていたのも鏡が別の世界にワープできるのを知っていたからでしょう。彼に意識を向けると私も少し彼のエネルギーを持っているだけに、彼の思考や世界観が感じられるようになります。

今の時代にレオナルド・ダ・ヴィンチのエネルギーを少しでも持っている魂さんが目覚めたら、その創造性のパワーは、すごい量になります。まさに「創造の爆発」が起きます。

私の表面意識は、そこまで深く意識できなかったのですが、私の偉大なる魂さんは「創造の爆発」を感じてかなりワクワクしていたと思います。

２０２２年の誕生日の5月3日早朝4時、アトリエで、大好きなインドの聖人、パラマハンサ・ヨガナンダの絵を描きました。これが聖人の絵の2枚目です。

誕生日に好きなことをやっておくと、その一年間が楽に好きなことができるそうです。

さっそく大好きな絵を描いていると、ドーンとヨガナンダさんご本人が登場して、びっくり〜「啓子、久しぶり〜」といきなりのお出ましに、さすがの私もひっくりかえりそうでした。ここから急に、ヨガナンダさんと呼びかけたくなりました。日常に現れたからでしょうか？

一応予告のように、アトリエの隣の瞑想ルームで3月ごろ瞑想をしていたとき、中心にある千手観音の掛け軸の絵から、「次は、ヨガナンダさんの絵を描くから準備をしましょう。頂いたヨガナンダさんの石版画をアトリエに移して、下絵を描いておくとすぐに描けます」とメッセージを受け取っていました。ヨガナンダさんの石板画は、２０２２年１月26日に、沖縄の北部の本部に上江洲義秀先生の研修所が完成したお祝いに駆けつけたとき、上江洲先生をずっと支えてきた林社長さんから頂いたものです。

瞑想を習慣にしておくと、内なる宇宙の存在の好きな神様とも楽につながることができます。

絵を描くことで、ヨガナンダさんご本人のエネルギーをとても強く感じることができて、本当に感無量でした。

ヨガナンダさんの本、『あるヨギの自叙伝』は、ビートルズやジョブズさんが愛読した

ことで、とても有名です。インドからアメリカに渡って、ヨガと瞑想の大切さを伝えて、多くの人々の目覚めを促した偉大なる聖人、魂さんです。

この本を書き始める直前に、ヨガナンダさんとの霊的で強烈な再会があるとは、「天の采配」としか思えません。この素適なフレーズは天から降りてきた大切なもので、これから世に広めていきます！

30代の前半、ロサンゼルスの本部に行ったら、ご本人が現れて、瞑想センターを案内してくれました。もちろん、ヨガナンダさんは、私が生まれる少し前に光に帰られたので、私が見たイメージは、啓子ワールドでの登場人物です。

瞑想センターで、ヨガナンダさんと一緒に瞑想したときに、かつて過去生で、インドの森の中で一緒に瞑想した男性のヨギだったことを思い出しました。

瞑想の後で、ヨガナンダさんから、「これから啓子は、とても忙しくなって、私のことはすっかり忘れてしまう、それだけ次々と濃い体験をしていくからね、そしてまた晩年再会するから。そのとき、また私を思い出して、私のことを書いて世に広めることになっている。日本から世界に目覚め＝覚醒の振動を起こすことになっている。瞬間の思いを大切に受け止めて、ずっと瞑想状態でいなさい」という力強いメッセージを受け取ったことを思い出しました。

ヨガナンダさんにはまって、ロサンゼルスの本部まで行ったのですから忘れることはないと強く否定しましたが、日本に帰ってから次々とびっくりの体験が続いたので、本当にすっかり忘れてしまいました。

それが、ちゃんとヨガナンダさんの予言の通りに、晩年が来て再会できたのです。ライブ配信で思い出しながら、感無量になりました。

こうやって、瞑想を続けていると、見えない不思議な世界とつながり、思いがけない体験をすることになります。それが、自己表現と創造的な体験になって、いろんな作品ができ上がっていくのです。

あなたも描く瞑想という便利な方法で、新しい世界へ行ってみませんか?

同じ音ですが、**描くことも、書くことも瞑想につながります**。

ちょうど、この部分を書いているときに、娘のように可愛がっている友人からSOSが入り、職場でのいろんな念をヴォイスヒーリングで解放しました。どうやって、その念をかわすかのアドバイスをしました。「それには、瞑想が一番」と話したら、「瞑想して深みにはまるのが怖いの~」と言われてびっくりしました。

瞑想して深みにはまって戻ってこられなくなるのが怖いのだそうです。

確かに、見えない世界に突入するのはいいけれど、ちゃんと帰って来られるのかの保証はありません。

不安が出てくるのもわかりますが、**数えきれないほどの瞑想を体験してきた私自身の体験からすると、その都度、ちゃんと帰ってきていますので、安心してください。**

もし、瞑想したままあの世に行ってしまったら、それは聖人と同じような最高の光の帰り方になります。素晴らしいことです。

ヨガナンダさんの最後も、駐米インド大使のために人々を集めてパーティーをして、皆さんに挨拶をしてから座ったまま、「それでは、ごきげんよう」とマハサマディ（ヨギの肉体離脱）に入ったそうです。さすがヨガナンダさん、最後に光に帰るときも素敵です。

マハサマディに入る１時間前の笑顔の写真が「パラマハンサ・ヨガナンダの最後の微笑」として有名です。１９５２年3月7日に光に帰られました。同じ年の5月3日に私は誕生したので、まるでバトンタッチのような流れです。

私が描いたヨガナンダさんの絵もそのときの写真を参考にして、チャンネルを合わせました。頂いた石版画がその写真でした。

ヨガナンダさんの絵を描いたことで、あっという間にスイッチが入って、ヨガナンダさんを引き寄せ、この本を書く準備がいろいろと整いました。

絵がこんなにスピリチュアルに大切であることを、今回一層強く感じました。

絵を描いたり、見たり、思いを巡らせたり、すべてが意識の流れと広がりを作っています。

ここまで読んできて、そろそろあなたも絵を描く瞑想をしてみたくなってきたでしょう？

ウォーミングアップには、ぬり絵をおすすめします。本屋に大人のぬり絵コーナーがあります。そこへ行って、ピンとくるのから始めましょう。

瞑想を意識するなら、マンダラぬり絵が奥深いです。マンダラは、宇宙図です。

クリエイティブスクールをやっていたとき、マンダラ塗り絵から打ち上げ花火のデザインまでの流れを作って、半年後のスクールの終わりには、自分たちへのご褒美に、自分がデザインした打ち上げ花火を近くの漁港で打ち上げました。

色と光が宇宙の根源なので、私たちは花火を見ると自分の宇宙の根源を思い出すことができます。花火によって、自分の中の宇宙の根源がうずきます。これも目覚めのヒントだと思います。

自分の内なる光を花火のように、宇宙に打ち上げてみましょう！

第3章

THIRD DOOR

「思い」で世界を創造する

「思い」で世界を創造する

思いで世界を創造しているのは、この世の大切なしくみです。

人生すべて思い込みなのです。

めでたく思っていると、めでたい人生になります。

人生は修行だと思っていると、しみじみとそう思える修行のような人生が展開します。

私も人生は修行だと思っていたときがありました。本当につらいことが続いていました。

そのように思っている人の本を読んで、さらに人生は修行だと確信を持っていました。

そのときは、自分が人生を修行だと思っているから、修行のようなつらい体験が続くのだとは思っていませんでした。

実は、私たちは、**自分が思ったことがその通りになる**ことを知らずに生きています。

もしそんな大切なことを早めに知ることができたら、どのように思うかをもっと気をつけて生きるようになると思います。

ですから皆さんにこの大切なことを知らせたくて、ずっと本を書いてきています。

今では、あんなに好きだった修行から足を洗って、**「人生は楽しむこと」**だと思えるようになりました。

もし、あなたも今まで、人生は修行だと思ってきたなら、ここで、思い方を変えてみませんか？

思ったよりも簡単に、人生は楽しむことだと変えることができます。

あなたの人生は、あなたの思いで創られています。

思い方を変えたら、意識がすべてなのでそのようにがらりと人生が変わってきます。

ぜひ、思い方を変えてみて、どのように人生が変わるのかを実験してみてください。

一番わかりやすいのが、身近な人間関係です。

今まで、この人はこんな人だと思い込んでいた思い込みを自分にとってプラスに思い直してみてください。

とても怖い人と思っていたのに優しい人と思い直すことで、本当にその人が自分に優しくなります。だからやってみた方が、お得です。

こんなケースがありました。

ご主人がとても怖くて、娘たちも怖がってびくびくしているのです。その女性にこのようなアドバイスをしました。

「本当は、優しい人ですよ～優しいと思い直したら、あなたに優しくなりますよ～試してみたら？」

「啓子先生は、主人のことを知らないからそんなことが言えるのです。本当に怖い人なのです～」となかなか頑固で思い直すことができないでいました。ところが、自分の兄嫁さんのことをご主人が大好きになって、ニコニコ笑顔で美味しいコーヒーを入れたり、にこやかに趣味の話をしたり、その様子を見て、ショックを受けていました。

兄嫁さんからは、「あなたのご主人は、本当に優しい方ね～」と言われてびっくりしていました。その報告を聞いて、

「ちょうどよかったですね～自分のことを優しいと思っている人には、とても優しくなるのです。ぜひ、真似してみてください」

と、アドバイスしたら、尊敬していた兄嫁さんだったので、お手本にしようという気持ちになって、だんだんとご主人のことを優しいと認め直すようになりました。

そして、ご主人が少しずつ優しくなって、「これまで厳しすぎたね、ごめん」と謝ってくれて、和解できたそうです。めでたしめでたしです。

なかなか自分を変えられないでいると、自然に変えざるを得ない状況がやってきます。

こちらがどう思うかで、自分の人生劇場に登場する人々の個性も変わってきます。

こちらの思いにまわりの脇役の人々が反応してくるのです。脇役の人々とも、和気あいあいと楽しくやっていきましょう！

人生は舞台です。自分が主役で、まわりの人々が脇役なのです。

脇役の人々は、自分が体験したいように動いてくれます。とても大切なキャストです。

私も、自分の主人のことを「宇宙一の夫」と思うようになって、少しでも何かしてくれたら、心から「ありがとう」を言うようにして、どんどん優しくなってきました。

これは、あなたもすぐに真似できることなので、今すぐにやってみてください。

自分も相手も幸せになります。やらなきゃ損損（シャンソン）です。

あなたの職場にいる方々にも意地悪だと邪推すると、そのように思える態度を取ってきます。なんて優しい人々なのかしらと思い直すと、本当にまた優しいと思える態度を取るようになります。

こうやって、人間関係は、お互いに鏡で自分の思いを映し合って、学んでいます。

だから、なおさら、思いが人生を創ることを実体験しましょう。

この宇宙のしくみを、ぜひ日常に活用しましょう！

もっと意識的に生きることで、思いの力がいかようなものかを、日々感じることができます。

さらにわかりやすい実験は、自分自身です。

自分のことをもっと認めるようになると、まわりの人たちも自分を認めるようになります。みんなが自分に優しくなるのです。これはたくさんの事例があるので、本当なのです。

インナーチャイルドの癒し

ここで、インナーチャイルドの癒しの話をしたいと思います。

私の代表作『人生のしくみ』（徳間書店）にも、登場していますが、夢実現の前に感情の麻痺《まひ》を取るインナーチャイルドの癒しが必要です。自分がどんなことを夢実現したいのか思いつかない人は、今まで我慢ばかりして、感情を抑圧してきたので、感情が麻痺しているのです。

お腹にいる幼心、本音のインナーチャイルドを意識してみましょう。

ずっとまわりを気にして、人の言う通りに生きてきていると、自分の本当の気持ち＝本音がわからなくなっていて、本当はどうしたいのかが曖昧な状態になっています。

潜在意識にたまっている感情を解放してすっきりになると、本当の気持ちが表に出てきやすくなります。ずっと我慢してきたあなたには、とても必要なワークです。

まずは、自分を両手で抱きしめて、「大好き〜」と何度も言って愛を注いであげましょう！

これだけでも、お腹のインナーチャイルドが安心して、ほどけてきて涙が自然にあふれ出てきます。涙が出るのは、愛に包まれてほっとしたからです。

自分は受け入れられていると愛に触れて、安心したのでゆるんで涙が出てくるのです。

それから3歳くらいの自分をイメージして、話しかけてみましょう。

「今どんな気持ち？」

「どうして欲しいの？」

「何か欲しいものがある？」

「どこに行きたい？」

など、思いつく質問をしてあげてください。

安心してほぐれてくると、自然に本当の気持ちがあふれて話しだします。

「今の家は落ち着かないの〜もっときれいにして〜」

「いっぱい気持ちよくしてほしい〜」

「美味しい卵焼きが食べたい〜」

「ハワイに行きたい〜」

と、インナーチャイルドの本音をどんどん聞いてあげましょう！

あとは思いつく嬉しい言葉を並べていきます。

「生まれてきてくれてありがとう！」

「かっこいい」

「その調子」

「よく頑張ったね〜」

「あっぱれ」

などです。

自分自身をしっかりと認めることで、お腹にいる本音のインナーチャイルドがとても喜んで、元気になって活動をしたくなります。潜在意識に残っていた怒りや悲しみの感情が解放されて、とても軽くなります。それによって、麻痺していた感情、好き嫌いややりたい気持ちが戻ってきます。

感情がたまっている潜在意識をスッキリ解放してから、新しい思い込みを潜在意識にインプットすると、新しい人生の流れが始まるのです。

目覚めのワーク⑪

インナーチャイルドの癒しワーク

3歳くらいの自分をイメージして、下の名前にちゃんをつけて呼びかけます。

ぬいぐるみかクッションを抱きしめて、「大好き〜」「よく頑張ったね〜」「生まれてきてくれてありがとう！」と愛の声かけをしましょう！

そして、どうして欲しいのかを優しく聞いてみます。


こんなにすぐに自分の願いを聞き入れてくれると感じられると、さらに大きな願いも言ってみようかという気持ちになります。

これが、自然にインナーチャイルドの夢実現プロセスになっていくのです。

あなたもこれならできそうな気がしてきましたか？

先に「インナーチャイルドの癒しワーク」をしてから、「夢実現のコラージュワーク」をすると、創造性のエネルギーが湧いてきます。

さらに自分のインナーチャイルドと対話をして、本音を聞き出します。

そのために、ノートを用意して、右手で大人の自分が質問して、左手でインナーチャイルドが答えるという書く対話もおすすめします。たどたどしくても、自分の本音が書かれているのを見ると感無量です。これは、シンプルですが、気づきが多いです。

代表作『人生のしくみ』アップデート版から、「人生のしくみ」ワークとして、この2つのワークを続けて行う理想的な「人生のしくみワーク」が登場しました。

大好評なので、あなたもぜひ『人生のしくみ　完全パワーアップ版』を読んでやってみてください。実際の「人生のしくみワーク」では、インナーチャイルドの癒しワークのときに、3人のワーク、インナーチャイルドと代理母と代理父でお互いにどんな親だったかを語りながら、代理母や代理父から癒しの言葉かけをもらいます。

初めて会う人同士なのに、見事に代理親を演じて、親に言って欲しかったことを言ってもらえて、本当にインナーチャイルドが癒されて号泣するグループが多発しました。

そのあとに、夢のコラージュを作って、また同じメンバーで夢を熱く語り合います。

人に夢を語ること、人の夢を聞くこともびっくりの気づきになります。お互いに夢実現を祝いながら、和やかにワークが終わります。2つのワークがギュッと濃くコラボしてとてもお得なワークになりました。

実は、夢実現プロセスとは、とても身近な日常的な範囲から始まるのです。

それには、**思ったらすぐにやるのが、コツです。**

フットワークの軽さは、人生においてとても大切な夢実現プロセスのエッセンスです。

あなたは、フットワークが軽い方ですか？

私は、すぐに思い立ったら、動いてしまいます。

今回の人生でのフットワークの最高傑作は、ロンドンに留学中に、どうしても歌舞伎が見たくなって、安い便のチケットをゲットして、1泊2日で歌舞伎を見て、翌日ロンドンに帰りました。あわただしかったのですが、大満足でした。そのあと、ロンドンで「大江戸展」が開かれました。まるで引き寄せたかのような、素晴らしい流れでした。日本の100か所から集められた江戸時代の名品をロンドンで見ることができました。何度も通って、江戸文化を堪能しました。

別の意味で早かったのが、一度目の離婚のあと2か月後でスピード再婚したことでした。離婚した元夫がびっくりしていました。

再婚した国際弁護士の夫に、「パキスタンのモヘンジョダロ遺跡に行きたい」と言ったら、すぐにパキスタンの案件が来て、びっくりするほど早く行くことができました。

もしかしたら、私は、宇宙の法則「引き寄せの法則」の力が強いのかもしれません。

思えば、必要な人が現れて、用が済んだら消えていく体験をしました。

人生は、思ったらそうなるというシンプルなしくみから成り立っています。

どうしても会いたい人がいたら、わざわざ会いに行きましょう！　きっと思いがけない展開が待っています。

わざわざ行為は、必ずとても大切な人に出会えるきっかけを作ってくれます。

私も、鮫島純子さんの講演会にわざわざ沖縄から東京の明治神宮の参集殿に行って参加したら、そこでパーカー智美さんに出会えて、瞑想の達人の上江洲義秀先生を紹介してもらいました。それから大きく活動が広がって今日があります。人とのつながりが宝物です。

これからあなたもフットワークを軽くしてみましょう！

自分のことが大好きになりますよ。

やりたいことをすぐにできたら、とても気持ちがいいからです。何より、本音のインナーチャイルドがとても喜びます。

それも、なかなかすぐにできないようなことを、すぐにやってしまうのがとても気持ちがいいのです。

夢実現を引き寄せる力が倍増します。

それには、今まですぐにやりたかったけど、できなかったことリストを作りましょう！

気になっていたものを、パッと思いつくところから書き出してみましょう！

目覚めのワーク⑫　気になるやりたいことを10個書き出すワーク

気になるやりたいことですぐに今思いつくことを、リストアップして10個ノートに書いてみましょう！

そして、すぐに今できるものから始めてみましょう！

実現できたら消して、またリストを常に10個をキープしていきます。


これは、やりたいことをずっとキープできる方法でもあります。

これを続ければ、飽きることなく人生を続けることができます。

光の世界で、光り続けるのに飽きたからこの世に降りてきた私たちなので、飽きないことがこの世での人生を続けられる秘訣《ひけつ》なのです。

飽きてきたら、変化の前触れです。変わるときなのです。

仕事が飽きてきたら、仕事を変えます。

人間関係も飽きてきたら、変える時期なのです。
やりたいことも、飽きてきたら次のやりたいことを始めるタイミングなのです。
このリストが続くまで、今の人生を楽しみましょう！
インナーチャイルドが癒されたら、次のステージに進みます。

夢実現プロセス

夢実現には、まず思うこと、それをイメージすること、それを文字で書くこと、イメージを描くこと、そして写真の切り抜きを画用紙やスケッチブックに貼りつけたりして、夢のコラージュを作ります。さらに、それを家族や友人に見せて、自分の夢を熱く語るのです。

熱く自分の夢を語ることで、自分の潜在意識にしっかりと思いが落とし込まれて、浸透していきます。新しい自分の思い込みになって、夢実現プロセスが動き出すのです。

具体的に夢を表現することで自分の潜在意識にしっかりと刻まれて、さらに夢実現へまっしぐらとなります。そこで終わらずに、まわりの応援団の人々に見せながら熱く語ることです。あなたのことを大切に思ってくれる人々に自分の夢を語ると、思いで応援してくれます。応援団が多いほど、夢実現プロセスが加速します。

あなたの夢への思いが強くなります。それによって、夢実現のプロセスが波動的に強くなり夢実現のスピードが早くなります。

目覚めのワーク⑬

夢のコラージュノートまたはスケッチブックを作るワーク

自分が欲しいもの、行きたいところ、住みたいところ、などのイメージを切り抜いてノートやスケッチブックに貼りつけていきましょう。それを見るだけでも楽しくなります。

ネガティブな人やあなたを敵対視している人には、夢を語ったり、夢のコラージュを見せたりするのをやめましょう！

喜んで邪魔をしてくれます。水を差してきます。

邪魔をしてくれるという表現は変ですが、もしその流れになったら、さらに盛り上げる演出だと思ってください。あなたがパワフルになったら、落ち込んでいる人にも見せてください。相手が元気になってきます。

人生はハードルが高いほど、それを乗り越えたときの達成感は大きく喜びも増します。

その**ハードルを作ってくれる人も、大切な脇役**なのです。

私が医師になれたのは、難病のおかげです。主治医が「一生副腎ステロイドホルモンを飲まないと死ぬ」と脅したので、カチンときて、「必ず自分で治す!」と決心しました。

もし、その医師が優しい人だったら、そのまま流されてしまったと思います。私にとっては脇役の主治医が脅すような医師でよかったのです。そのおかげで、1年3か月毎週アロママッサージを受けることで、私の場合は難病を克服しました。アロマの力に感動しました。ゼラニウムのアロマが私の副腎をその気にさせてくれました。すごいです。

それで、クリニックの治療にアロマを取り入れるようになりました。自分自身の体験が仕事に直接役立っています。

すべては今回の人生を楽しむために、演出されているのです。

そのために、ハードルを高くしたかったから、いじめや邪魔を引き寄せたのです。

宇宙のしくみのエッセンス、カニ踊りで伝えている「すべてはうまくいっている」の真髄をおわかりいただけたでしょうか？

本当に見事にすべてがなるようになっておりまする〜**心配ご無用〜人生一切無駄なし〜**です。

そして、**夢実現は、ベストタイミングにやってきます**。

うまくいかないときには、今はベストタイミングではなくタイミング調整だと思ってください。必ず、ベストタイミングが近づいてくると、急にとんとん拍子でことが動きだしてベストのときに夢実現するようになっているのです。

なぜなら、宇宙は愛に満ち満ちているからです。

だんだん、不安がなくなって、安心感にほっとしてきていませんか？

その調子です。不安やネガティブな感情は、意外にもとても弱いエネルギーを持っています。綿あめのようなものです。ペロッとなめたら溶けて消えます。

一方、明るくて、ポジティブなエネルギーは、何百倍も強いのです。だから安心してください。一時的に不安になってもすぐに挽回できます。

次のプラスの言葉を思い出して言ってみてください。そのままパワフルに言霊になっています。

「大丈夫～」

「すべてはうまくいっている」

「心配ご無用、人生一切無駄なし」

「なんくるないさ～」

「ついてる～」

「龍よろしくね～」

「大天使ミカエルよろしくね～」

「大天使ガブリエル、メッセージお願いね～」など、まだあると思いますが、とりあえず思いつくままに書いてみました。

引き寄せたくないものを引き寄せてしまう人の場合、どうしても目につくのが嫌なことや嫌なものばかりの人は、しっかりと「嫌だ～」を言うようにしましょう！　叫びましょう！

そして、それが**なかったことにするワーク**をすると、びっくりするほどスッキリします。

目覚めのワーク⑭

なかったことにするワーク

両手を5センチくらい離して、平行して上下に、下を向かせて並べます。

「これはなかったことにします～パチッ」という感じで、両手を重ねるのです。

自分の人生で、このことはなかったことにすると決めるのも自分の自由なのです。

思いで、自分の人生を創っています。

これは本当なのです。それを前提にして思い直すことを主体的にやっていくと、とても楽しくなります。ぜひ、思い直す心地よさを味わってください。

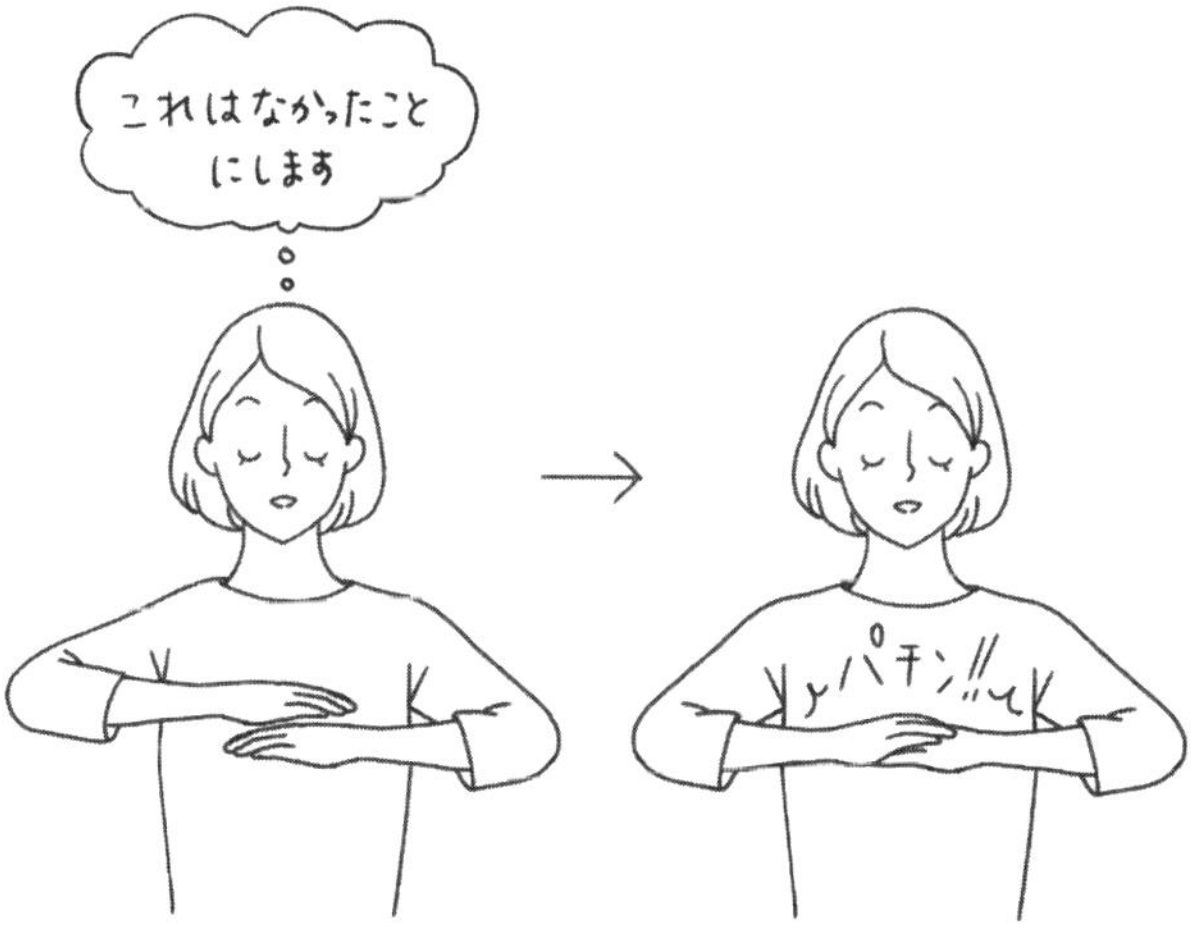

次から次にと、面白くなって、あれもこれも思い直すようにしてみてください。あなたの人生の主人公は、あなたなのです。

しっかりと楽しく生きていきましょう！

私たち共通の使命は、人生を楽しく生きていくことです。修行だと思ってきた方は、そろそろ修行を卒業するタイミングなのです。

卒業おめでとうございます。今まで、いろんな種類の修行を体験してきましたね～あっぱれです。もう十分にやりました。十分に苦しんだので、卒業しても大丈夫です。

あなたもそう感じるからこの本を読んでいるのです。

修行を卒業して、本来の人生を楽しむ流れに乗りましょう。それによって、どうしたらこの状況で楽しめるのかがはっきりと見えてきます。

これからの人生の生き方を決め直すことで、流れが変わるのを体験できます。そしてその方が絶対に面白いのですから、どんどんはまっていくのです。

マイナスを思うとマイナスが続きます。**しばらくはマイナス思考にはまってしまいます。**マイナスのループもかなり面白いからです。なぜなら、**光の世界にはない体験だから最初ははまります。とても新鮮に感じるからです。**でもはまっていくと、当然波動が下がっていくので、次第に苦しくなってしまいます。だんだんマイナスにはまるのも飽きてきて、プラスにはまるようになります。今度は、どんどん波動が上がってきて、気持ちよく軽やかになってきます。

波動の違いによる心地よさの違いを体験して、だんだんとこの世での夢実現のプロセスが見えてくるようになります。

つまり**夢実現のプロセスに向かうには、まずマイナスの思い込みのループからの卒業**が前提になります。

「お好きなように～」の言霊

最近は、講演会やセミナーで、「お好きなように～」の言霊をよく口にします。だんだんと**私たちの意識が高まってきて、「お好きなように～」の境地に向かってきた**からです。これは、**素晴らしい進化と成長の証**です。修行からの卒業が進んできた証拠です。

今まで、**最強の言霊は、「すべてはうまくいっている」**でした。

もちろん、今でもこの言霊は、最強です。パワフルです。宇宙のしくみの真髄、エッセンスです。この27年間ずっとカニ踊りで、広めてきました。最強の言霊パワーです。

これを口癖にすれば、怖いものなしです。これをモットーに生きていけば、すべてを味方にして、邪魔するものはいなくなります。あってもそれをばねにさらなる高みへと行くことができます。

さらに、この「お好きなように〜」の言霊が加わることで、さらにパワフルになってきます。**自分の人生の主体性が自分にもどってきて、自分がやりたい体験をしていることに気づくとこの言霊が湧き出てきます。**

人生が舞台で自分が思う通りに創っていることに目覚めると、この言霊がしっくりくるのです。

あなたは、「お好きなように〜」と言われたら、どんな気持ちがしますか?

誰かに命令されたり、アドバイスされたりの方が楽なら、まだ主体性が戻っていません。

自分で決めて、自分で選択する喜びを味わって、主体性を戻しましょう!

例えば、受験生が志望校を決めるときに、親が決めたところにして、そのようにしても行った学校があまり気にいらないと、親のせいにします。

親の意見を参考にして、自分で決めると気にいらなくても自己責任になるので頑張れるのです。

「お母さんは、こう思うけど、最後は自分で決めてね、お好きなように～」が子供の主体性をそこなわずにアドバイスできます。

就活も、結婚も、最初は決めてもらいますが、だんだんと体験を積むと自分で選択して自分で決めるようになります。

自分で選択して決めるということが、人間の素敵な特権です。

これを楽しまないともったいないです。

この特権をやっと楽しみ始めた人は、まだマイナスの思い込みが残っています。

自分にはできない、自分は無理、と決めつけていることがたくさんあると思います。

これをすべて解除して、心地よい響きの内容に決め直しましょう！

自分はできる、自分は○○する～と決め直すと、とてもゆるゆるに楽になって、本当にそのようになっていきます。さぁ、すぐに始めてみませんか？

これまで、２０００年間、権力者と奴隷のゲーム、舞台が続いてきたので、どうしても権力者に従う、言う通りにする、決めてもらう癖が私たちの中に残っています。そんな洗脳がずっと続いてきたのです。

みんな平等で、自分で決められるという世界観に切り替わるときを迎えているのです。

でもだんだんと自分にもできるかもしれないと思える体験をすることによって、自分がやりたいことを少しずつやってみる試行錯誤が繰り返されて、自信が出てきたのです。自立への道が始まったのです。それが自然に夢実現のプロセスになります。

人の言うことを聞かないわがままな子は、実は主体性を持ち始めている素晴らしい存在なのです。すべて自分で決めて、自分で行動します。権力者には困った存在かもしれませんが、みんなこのようになると、すべてが自己責任でことがどんどん進んで、とてもスムーズなります。

わがままというよりも、あるがままと言い替えた方がぴったりです。

あなたも、**あるがままの自然体な生き方**に切り替えましょう！

とても自由で、好きなように人生を謳歌《おうか》できます。

「お好きなように〜」の言霊を大切に自分にもまわりの人々にも口癖にしましょう！

自立への波が広がってきます。とても心地よい波です。これまで人に従ってきた人生がやっと自分の思いを大切にして、全面に出してやりたいことをやれるように変わるのです。

おめでとうございます。やっと自立できます。

目覚めのワーク⑮

最強の深い言霊「お好きなように〜」を3回唱えてみましょう！

両手を広げながら、笑顔で〜
「お好きなように〜」
「お好きなように〜」
「お好きなように〜」

「お好きなように〜」を唱えるだけで、自分の思いを最優先に大切に表現できるようになります。

やっと思い通りの人生を歩んでいけるのです。ずばりそのままをタイトルにした本を昔書きました。『だれでも思いどおりの運命を歩いていける』（青春出版社）という本で、新書にもなりました。ピンと来たら、これも読んでみてください。夢実現だけでなく、婚活用の本にもなっています。

あまりにも人に従い過ぎて、自分の好き嫌いややりたいことがわからなくなっている人もいます。それは、**感情の麻痺**が起きているのです。そんな人は、夢は何ですか？　と聞かれても答えられないのです。お腹にいる幼心のインナーチャイルドが心を閉ざしていて、インナーチャイルドの癒しが必要です。大好き～と自分を抱きしめてあげてください。詳しくは、またインナーチャイルドの癒しのところを読み直してくださいね。

創造のためのファッション～黒柳徹子さんの世界

さてさて、インナーチャイルドの癒しで、本当にやりたかったことが思い出せたら、それをどんどんやっていきましょう！

創造のための目覚めです。

ちょうどこの本を書いているときに、いろんな動画をYouTubeで見ていたら、飛び込んできたのが黒柳徹子さんの「徹子の気まぐれＴＶ」でした、派手な振袖を着た徹子さんの写真が目立っていて思わず見てしまいました。

ファッションいのちの私には、派手な振袖を着た黒柳徹子さんが、まぶしくて共感できました。

黒柳徹子さんが、1年間ニューヨークに行って、英語を勉強されたとき、お母さまが着物を持って行くと重宝するからと、とても華やかな裾に綿が入っている本格的な振袖を持たせてくださったそうです。その振袖をニューヨークでほぼ毎日着て歩いていたら、みんなから写真を撮られて、有名になって、とうとうバービー人形まで作られることになりました。

そして、もっとすごいことがこの振袖のおかげで起きたのです。

アカデミー賞特別賞を受賞で、20年ぶりにアメリカに帰ってきたチャップリンのために、リンカーンセンターで、映画「キッド」を見た後の歓迎式典がありました。

その後、厳重な警備でチャップリンには近づけないのに、徹子さんが警備員さんに、「チャップリンさんとお話ししたいのですが」と声をかけたら、美しい振袖姿の女性を見て、思わず「どうぞ」と中に入れてしまったのだそうです。美しい振袖パワーのおかげです。

徹子さんがチャップリンに、「私は日本から来た女優です。日本の皆様に何か一言」と話しかけたら、チャップリンが握手してくれて、「ジャパン」と言って目を真っ赤にして泣き出したそうです。

チャップリンさんが、徹子さんの手を握ったまま、懐かしい日本の思い出から「歌舞伎、京都、鵜飼《うかい》い」と3つの単語のあと、「日本が大好きです。日本を愛しています」と日本へのメッセージを話されたそうです。一度さよならして、また戻ってきてまた握手して「ありがとう、ありがとう」と感動があふれていました。

それにしても、お母さまがおっしゃった通り、派手な振袖は大活躍しました。

まさに派手な振袖は、日本の文化を着て歩くそのものです。

実は、後からわかったのですが、チャップリンがハリウッドで活躍していたとき、18年間秘書を務めていたのが、日本人の男性で広島からアメリカに移民した高野寅市という方でした。面白いと思って、さっそくAmazonで大野裕之著『チャップリンの影～日本人秘書 高野虎市』を取り寄せて読んだら、帯に黒柳徹子さんが「チャップリンを支え続け、最も信頼されていた秘書が日本人男性なんて！　いま日本が必要なのはこういう人なのかも！」と書いておられました。

それにしても、黒柳徹子さんは派手な振袖のおかげで、思いがけない素敵な展開になり、チャップリンにインタビューできたという快挙だけでなく、ついでにチャップリンを支えていた日本人秘書の存在がわかって、ここで紹介できました。

まさに目の覚めるような美しい振袖が、そのまま「目覚めのヒント」になったエピソードでした。

それからも、「徹子の気まぐれTV」の動画を見ていたら、素晴らしいファッションに感動しました。徹子さんは、48年も続いている長寿番組「徹子の部屋」で一度も同じ服を着たことがなくて、ゲストの数は、１万１０００人以上になります。しかも、ゴルバチョフさんが２回も、英国のフィリップ殿下もいらしたことがあって、びっくりのトーク番組です。

89歳になっても、なめらかに話すことができ、抜群の記憶力にまわりは驚いています。

テレビ番組で、黒柳徹子さんの脳を調べるという興味深い内容を動画で見ることができました。５年くらい前のですが、ＭＲＩで調べたところ、早口でしゃべれるのは、情報処理能力が高く普通の人の10倍も優れていました。しかも常に進化しているそうです。

記憶力も子供と同じくらいでした。驚異的です。

人の話を聞く能力もとても高かったです。ずっと48年間も「徹子の部屋」で、ゲストの話を聞いて受け答えするのが、彼女のように脳をまだまだ進化成長続けるコツなのです。

徹子さんのＭＲＩ検査結果を分析した脳外科医の医師も、びっくりされていました。
私たちも脳を使い続けていれば、劣化せず、むしろ進化成長できるのです。

人生の達人、岡本太郎さんの世界

次に紹介したいのは、「芸術は爆発だ！」と叫んで創作活動を84歳まで燃え尽くすように続けて光に帰られた岡本太郎さんです。

太郎さんが残してくれたべらぼうなシンボル「太陽の塔」は、他の万博建造物と違って取り壊されずに、永久保存されています。まさに太郎さん自身ではないかと思うほどパワフルでシンプルです。

きっと、太郎さんは光に帰られたあと、ずばり太陽に生まれ変わったのではないかと思います。**太郎さんの創造性へさらなる「目覚めのヒント」になったのが、ピカソと縄文土器と沖縄です。**

ピカソとは、パリにいたときにまず彼の作品、100号の静物の抽象画を見て、「これだ！」と衝撃を受けました。創る者として、揺り動かしてくる強い時代的共感に打たれ泣いたのだそうです。

それから本人に出会えて、すぐに意気投合して彼の自宅に招かれました。背の高さと手の形がそっくりなのにお互いびっくりしたそうです。もしかしたら、御二人は元の魂が一つのツインソウルかもしれません。ピカソとの出会いの後、22歳の太郎さんが描いた絵は、「空間」という具象と抽象の間のような忘れられない不思議な絵でした。

しばらく対極主義の美術家グループに入って、議論を戦わせていました。ピカソへの挑戦を決意して、「創造の爆発」が続きました。

アートにおける禅問答のように、ピカソへの挑戦を創作にぶつけ、それは日本に帰国してからも続きました。ちょうど戦争が始まり、徴兵されて戦地に赴き、あえてひどい体験をするように選んで、自ら対極主義で権力との闘いを体感したことは、後の作品を見ると決して無駄ではなかったと思います。ピカソも「ゲルニカ」に対極主義を織り込んでいます。

まるで、ツインソウルのように、お二人が「創造の爆発」をしているのが、いのちの躍動を感じて感動的です。

そして、太郎さんは、さらに縄文土器に出会って、また魂が震えました。弥生時代よりも前にこんなに燃えるようなエネルギーのほとばしりを土器に表現する日本人の素晴らしさに感動したのです。そこから「いやったらしい美しさに圧倒される」というびっくりの表現が生まれました。「私の血の中に力がわき起こるのを覚えた」とも言っています。

縄文土器の土偶を見て、自らも彫刻を創り始めました。そして、大阪万博のシンボル、太郎さん自身でもある最高傑作の「太陽の塔」が誕生しました。

大勢の人々が会場を訪れて、たくさんのパビリオンがある中、誰もが「太陽の塔」だけしっかりと覚えているそうです。

それだけ、多くの人々の魂を揺さぶって、まさに「目覚めのヒント」になっています。

「太陽の塔」のエネルギーに、太陽だけでなく、縄文パワーがたっぷり入っていて、ピカソから目覚めた対極主義がちゃんと形に表れ、パビリオンを突き抜けて空にのびているべらぼうな太陽の顔が笑っているのです。

これを見たら、**誰でも本当の自分を思い出すことができます。ピカ一の「目覚めのヒント」です。**

太郎さんが、ピカソを乗り越えたいと思った決意が「太陽の塔」の顔に表れています。

これをピカソが見たら、きっと「トレビアン、ブラボー」と叫んでハグしてくれたと思います。

突き抜けたまわりのパビリオンは、取り壊されました。ところが、「太陽の塔」は、壊さないでという人々の声が集まって、残されることになりました。今でも大阪の吹田にドカーンと人々の目覚めの起爆剤として、存在し続けています。

私も「太陽の塔」に魅せられて、洋裁の得意な母に着ぐるみを創ってもらったことがあります。プラスティックのマスコットを母に見せて、「次はこれを創ってほしいのだけど～」と恐る恐る聞いてみたら、出ました母の口癖が登場～「あら、簡単よ～」と即答でした。

目覚めのワーク⑯

「あら簡単よ～」のワーク

何か頼まれたら、言ってみましょう！「あら簡単よ～」「あら簡単よ～」「あら簡単よ～」

不思議と難しいものが簡単になってきます。魔法の言霊です。

それまで、母には、七色のピエロの衣装、ブルーとピンクのイルカの衣装、クジラの衣装、陽気妃の衣装を創ってもらって、講演会で着て、笑いを取っていました。笑い療法として講演会中に着替えて、大爆笑をもらってきたのです。最後がとても難しい「太陽の塔」の着ぐるみでした。

太郎さんの「目覚めのヒント」が、私にまで共鳴して、さらに多くの人々に「目覚めのヒント」を提供しています。

印象的だったのは、富士通の関連会社150社の研修のとき。講演会を依頼されて、「太陽の塔」の着ぐるみで登場して、ジッパーを開けて、中から真っ白いスーツで飛び出しました。

もちろん、45冊の本を書いてきた富士通のノートパソコンの話をして、皆さんにお礼を伝えました。大爆笑のあと写真を撮られました。

そのときの皆さんへの「目覚めのヒント」は、プロジェクトXの賜物です。

そのときの皆さんへの「目覚めのヒント」は、**「プロジェクトをまとめるには、一人ずつの違いを認め合って、尊重することです」と、統合の秘訣**を伝えました。

「太陽の塔」の他に、太郎さんは、全身全存在を沖縄にぶつけて写真を撮りまくっていました。太郎さんが沖縄に行ったのは、1959年と1966年でした。

日本人とは何か？　自分自身とは何か？　の答えを求めるためでした。

その旅の最後にたどりといたのが、沖縄でした。

「沖縄とは、私にとって一つの恋のようなものだった」と言うほど全身、全存在を沖縄にぶつけました。２回の沖縄旅行で、岡本太郎は３００枚もの写真を撮って、『岡本太郎の沖縄』という素晴らしい写真集を出しています。

その写真集を元に、葛山喜久監督がもう一度沖縄の旅をたどった旅のドキュメンタリー映画「岡本太郎の沖縄」を沖縄の桜坂劇場で見ました。

映画の中で、久しぶりの久高島《くだかじま》の聖地フボー御嶽《うたき》に懐かしさがこみあげてきました。

今ではもうフボー御嶽の中に入れませんが、以前入れたときの感動が蘇ってきました。

太郎さんが驚いたように、フボー御嶽は本当に何もない聖地です。

その**何もない自然の空間だけの聖地だからこそ、魂にぐっとくるエネルギーを感じることができます。**

沖縄ツアーやヒーリングスクールなどで、のべ６００人を久高島に案内してきたので、映画を見ながら思い出して感無量になりました。よく通った名護の七曲りの食堂の女将さんのカチャーシーの踊りにも嬉しくなりました。

読谷《よみたん》の闘牛場で、牛が勝ったからと喜びの踊りをするために思わず土俵場にまで出てきた女性が、60年後にも生きていて、インタビューに答えていました。

太郎さんが撮った白黒の写真のあとに、カラーの今の写真が重なっていきます。

変わらない沖縄と移り行く沖縄が映し出されて、パラレルワールドを一気に見るかのようです。

太郎さんだけに見せた、厳しい久高ノロの微笑みの写真が、何とも言えない心の交流であたかも「太郎さんはちゃんとわかってくださったね～」と言っているかのような魂の喜びを表現していました。

そのノロの微笑みの写真が、写真集『岡本太郎の沖縄』の表紙になっていて、そのままドキュメンタリー映画のポスターやチラシになっています。

日本人の原点を沖縄の文化に見つけた太郎さんの素晴らしい表現そのものです。

久高島のイザイホーという神事の踊りに魂が躍動しました。実際は見たことがありませんが、12年に一度、午年に久高島の神女だけで3日間行われる600年続いた伝統を太郎さんも見ていました。素晴らしい体験です。太郎さんを通じて、当時の映像から力強いエネルギーが深く魂にまで響いてきました。その大切な神事を太郎さんがちゃんと見ていたことに、「天の采配」を感じました。


今また岡本太郎ブームが起きています。

ドキュメンタリー映画「岡本太郎の沖縄」が全国で上演されているだけでなく、東京上野の東京都美術館で、「展覧会　岡本太郎」を開催しました。

コロナ禍から蘇る日本にとって、太郎さんのアートはすごい刺激になります。

今この目覚めの時代に、太郎さんの元気爆発パワーが私たちに必要なのでしょう。

太郎さんは、光に帰ったあと、きっと太陽に行っていると思います。

太陽は、表面温度は26度でとても住みやすい世界だそうです。実際に陸も海もあって、太陽人が住んでいるそうです。NASAもそのことを知っているのに、公表していないだけです。

これから、**私たちがどんどん真実に目覚めてくると、いろんな分野で本当のことが明かされてくる**ようになります。

どうしても太郎さんに会いたいので、私も今回の人生が終わったら、太陽に行って、太郎さんに挨拶をしてから、他の星に行こうと思っています。

今でもドーンと立ち続けている太郎さんの「太陽の塔」は、日本の文化のパワーの象徴であり、1万2000年も平和だった縄文時代の象徴だと思います。

今でも、べらぼうな「太陽の塔」は、私たちを魅了して、本来の自分への目覚めを促してくれます。

「太陽の塔」と並んで、同じ時期にメキシコで描かれた巨大壁画「明日の神話」が長年行方不明になっていましたが見つかり、修復されて渋谷のマークシティ連絡通路に飾られています。これも原爆が炸裂《さくれつ》する悲劇の瞬間が、笑う骸骨で描かれていて、未来が明るいのが救われる壁画です。たくさんの人々が通るところに設置されたことで、この迫力で目覚める人も出てくると思います。

この作品も岡本敏子さん曰《いわ》く「太郎さんの最大にして最高傑作」だそうです。

私も直前の過去生が広島の原爆で亡くなっているので、この作品を見ると魂が震えます。

私も自著『人生の創造』に岡本太郎さんのことを紹介しました。その本を書いているときにちょうど、岡本太郎さんの養女でパートナーの岡本敏子さんにお会いできて、沖縄のイザイホーの話を伺いました。その本ができたら、お持ちしますと約束したのに、間に合わず岡本敏子さんのご霊前に手向けました。

地上に昔から残っている太陽信仰が、太陽人の教えを伝えてきたのです。

キリスト教がしきりに古くから続いてきた太陽信仰や先祖崇拝をつぶしてきたのですが、このへんで気づいて、ユートピアに戻っていくと思います。

岡本太郎さんが愛した沖縄も先祖崇拝の地です。いまだにその伝統が続いています。

岡本太郎さんも、沖縄も、両方この時期に目覚めのヒントとして、大切なキーワードかもしれません。あなたの世界にぜひ導入してみてください。

大々的な岡本太郎展が東京上野の東京都美術館で行われました。

ちょうど東京での仕事のときに、しっかりと見ることができました。

パリやニューヨークからも太郎さんの作品が集められて、しかもすべて撮影していいという太郎さんらしい自由さが漂って素晴らしかったです。たくさん写真も撮って、しっかりと「創造の爆発」の刺激を頂きました。

これからも、岡本太郎さんの刺激で、創造のための目覚めが続くと思います。

地球を彫る男～イサム・ノグチの世界

もう一人の巨大な芸術家、イサム・ノグチを岡本太郎さんの次に紹介したいと思います。

あなたは、イサム・ノグチのことをご存じですか？

20世紀の偉大なるアメリカの芸術家です。ロサンゼルス出身の彫刻家、造園家、作庭家、インテリアデザイナー、舞台芸術家など、多面的に活躍しました。この世にいらしたのは、１９０４年から１９８８年までです。

日本人の父とアメリカ人の母を選んで、生まれてきたイサム・ノグチは、その生い立ちから日本とアメリカのどちらからもよそものと扱われたおかげでアイデンティティの問題を抱えていました。その葛藤があったからこそ、意識は拡大して、どこにも属さない宇宙的な広がりを持つようになりました。

ちょうど、札幌に講演会とセミナーの仕事に行ったとき、イサム・ノグチの広大な作品、宇宙から見た遊び場、約190ヘクタールもある**広大な札幌市モエレ沼公園を訪れて、イサム・ノグチの世界に目覚めのヒントを感じました。**

何よりも嬉しかったのが、レストランの待合室に置かれていたイサム・ノグチのAKARIを見て、自分もそれを持っていたことを思い出したことです。

広大な公園という作品の中で、ゴロンとした石の妖精を和紙と針金で表現したかのような小さなAKARIという作品に焦点が合った瞬間に、自分自身と重ね合わせて、ビリビリと電気が走るような衝撃がありました。

アートから感じる魂の震えでした。

この小さなはかなげなランプは、衝動買いしたものでした。和紙から柔らかい光が優しい波動になって、孤独な私を包んでくれました。

イサム・ノグチのAKARIは、優しく癒してくれたのでした。思い出すことにもベストタイミングがあることを感じました。

窓からの景色が美しい、レストランで、素晴らしいフレンチのフルコースを頂きながら、

「ピラミッドの下の空間で、啓子先生にぜひヴォイスヒーリングをして欲しいのです。とても響くのでどんなふうになるのか楽しみです」と札幌の主催者の能登谷明子さんに言われて、食後の流れが楽しみになってきました。

ガラスでできたピラミッドの中心には、イサム・ノグチの石の作品があって、しかも中から水が湧いて、表面がいつも濡れた状態になるように工夫されていました。

そこが、ピラミッドの源になっていて、パワーがあふれるところでした。**石と水のエネルギーが根源的なものを象徴**していました。

その下に階段とエレベーターで降りられるスペースがあり、そこでヴォイスヒーリングをしてみました。アマテラスのマントラを唱えて、そのあと自由なヴォイスヒーリングを奏でてみました。それはとても厳かで、教会の中のような響きでした。

かなり、訪れる人は多いのですが、自然に人払いになって、今だというベストタイミングが訪れて、歌うことができました。

空間に意識があるかのように、フォルムと材質と、今まで訪れた人々の意識の集積が空間の中に波動の記録のように残っていました。

ピラミッド構造の中で歌うと、とても心地よく響きます。

海の舞のイルカホールも16角形で、支えている柱が四本あって、ピラミッド構造になっています。中心に立って歌うと、とても心地よく響きます。

同じように、イサム・ノグチのピラミッドの中でも宇宙とつながる空間にアマテラスのマントラが心地よく荘厳にでも優しく響いて、自分で歌っているのに、反響してまわりから響いてくるかのような包み込む癒しのエネルギーを感じました。

イサム・ノグチが84歳の最後の大きな作品は、彼の宇宙観が感じられる素晴らしい空間でした。

もし、札幌に行くことがあったら、ぜひ札幌市モエレ沼公園に立ち寄ってください。

イサム・ノグチの壮大な作品に包まれて、自然と溶け合い、宇宙に包まれて、本当の自分に目覚めるチャンスにしてください。

大人も子供も楽しめる身体が自然に本来の自分に目覚めて動き出す、不思議な公園です。

中心的存在のプレイマウンテンが緑の柔らかいうねりに美しさを感じます。宇宙を感じて、あなたの思いが創造の爆発を引き起こすかもしれません。

引き寄せの法則

「創造の爆発」は、宇宙の法則の一つである「引き寄せの法則」を活用しています。

「引き寄せの法則」は、２００７年にアメリカから、日本にまず動画「The secret」で伝えられました。

秘密に弱い私たちは、さっそく飛びついて夢実現のための秘密を知りたくて、その動画を何度も見て、そのうち書籍が出て、それも繰り返し読んで、自分の世界観に入れようとしました。

さらに夢中になって、その本だけでなく、その本の元になったエイブラハムの本も読み漁《あさ》って、「引き寄せリズム」という楽しくてわかりやすい言霊ワークを思いつきました。

この本でもぜひ紹介したいと思います。

目覚めのワーク⑰

「引き寄せリズム」のワーク

最初は、ワイパーで、「引き寄せ」のところは、ドジョウすくいのポーズで楽しく〜

1）人生すべて思い込み　マイナス思えばマイナス続く　プラスを思えばプラスが続く
いつも笑って楽しい人生　引き寄せ〜引き寄せ　引き寄せ〜引き寄せ

2）口癖そのまま引き寄せる　思いの通り引き寄せる　ルンルン気分で引き寄せる
言霊パワーで引き寄せる　引き寄せ〜引き寄せ　引き寄せ〜引き寄せ

3）今日も絶好調　私は天才　私は健康　私は完璧
人生最高　ブラボー　ブラボー　ブラボー　イエーイ

とこんな感じでなかなかのパワフルな言霊ワークです。
これは、セミナーで必ずやっています。
笑いヨガチームの方々が活用してくださっています。とても嬉しいです。
あなたもぜひいかがでしょうか？

最初のフレーズは、ワイパーのポーズで、左右に揺らします。「引き寄せ」のところは、ドジョウすくいのポーズで、お祭り気分で楽しく笑顔で唱えましょう！

笑いと共に、潜在意識にしっかりと「引き寄せの法則」がインプットされて、日々の一瞬の今に思い出して、そのように行動をすることができます。

言葉に力があります。**最強の言霊は、「すべてはうまくいっている」**です。

これをカニ踊りでずっと広めてきました。

これまで、最強の言霊「すべてはうまくいっている」をどれだけ唱えてきたかわかりません。カニ踊りとして、診療やワーク、講演会、セミナーの最後に必ず、唱えてきました。

目覚めのワーク⑱ カニ踊りワーク「すべてはうまくいっている」

カニ踊りとは、この最強の言霊「すべてはうまくいっている」を広めるために作った、とてもシンプルで笑いの出る踊りです。目覚めのワーク①がさらに発展した形です。カニ踊りにして心に強く残るようにしました。

カニの爪のように、両手でピースサインを作って、「すべてはうまくいっている」を声に出して唱えながら、カニのように右に2回、左に2回と横歩きをして、最後に右腕にパワーをこめて、「エイ、エイ、エ〜イ」と元気よく突き抜けます。

「すべてはうまくいっている」の言霊は、そのままがタイトルの本を読んでから、とても心に残っていて、それを活用させてもらっています。

「すべてはうまくいっている」という言霊は、宇宙のしくみのエッセンスです。

きっと、チベットのマニ車をまわしているときも同じ言霊を唱えているに違いないと思っていたら、ちょうど座禅断食を指導してくださった野口法蔵師匠に聞いたところ、「そうですよ、オンマニベメフンという言葉を唱えながら、マニ車をまわすと長いお経を唱えたのと同じ意味になるということで、『すべてはうまくいっている』を唱えています。よくわかりましたね〜」と言ってもらえて、とても嬉しかったです。

すべてはうまくいっているという最強の言霊は、世界が私たちの思いで創られていることを前提にしています。**あなたの思いがこの世界を創っている**のです。

すてきなことを思って、自分の世界に引き寄せましょう！

第4章

FOURTH DOOR

過去生による目覚めのヒント

過去生とはどういうものか?

過去生とは、今の人生の前に地球の地上で体験した人生のことです。

一回の人生ではとても体験しきれないので、何回も生まれ変わって、違う体験をしてきているのです。

たくさん生まれ変わった魂もいれば、まだあまり体験していない魂もあります。

何度も生まれ変わってきた魂は、体験が豊富なので、理解力があり、受け入れる度量も広いのです。そう思うと、まわりの人々を見渡して、この人はなかなか理解できないからあまり過去生がないのかもしれないとか、この人は理解力もあって、人の悩み事の相談にも乗れるから何度も生まれ変わっているかもしれないと違いがわかるようになります。

あなたはどうでしょうか?

何度もたくさんの過去生を体験してきたから、この本が気になったのかもしれません。

生まれ変わりたい魂が多いので、生まれ変われるのはとてもラッキーなことです。

特に、**日本は生まれ変わりたい魂さんが多くて、行列ができるほどだそうです。だから、**

日本人は行列を作るのが苦にならないのです。行列に並ぶのが嫌だった魂さんは、お隣の韓国や中国に生まれ変わりました。

生まれ変われることがラッキーなので、同じ体験はもったいなくて、違う体験をすることになっています。

過去生でできなかったことを続きでやり遂げることが多かったり、過去生で悲恋のとき、一目ぼれで結婚することが多いようです。

瞳の奥のアカシックレコードと呼ばれる個人的な図書館で検索して一瞬で、過去生の悲恋の相手だと思い出せるのです。とても便利なシステムになっています。

実際は、**自分でやりたい体験を決めて人生のシナリオを書いてから生まれ変わってきますが、表面意識はどんなシナリオを書いたのか、記憶を消されているので、覚えていません。**

実は、それが大切な味噌《みそ》なのです。

過去生の知識は、必要な人にもたらされます。必要ない人には、人生に登場しません。この本も読みません。それでいいのです。必要な人が手に取って、読んで目覚めのヒントをもらって、ベストタイミングに目覚めます。

過去生のことは、ある程度生まれ変わりを繰り返して、全体像をつかみ始めた人には、

とても有益な叡智です。それによって、統合が進むからです。ミラーボールのように、いろんな面を体験して、かなり球体になりかかっている魂には、たまらなく魅力的な叡智です。

輪廻《りんね》転生と言うように、**まわりて廻《めぐ》る人生**なのです。このフレーズは、カタカムナウタヒの第5首にも出てきます。「ヒフミヨイマワリテメグルムナヤコトアウノスベシレカタチサキ」とあります。**いのちは、すべてマワリテメグルのです。**

それぞれの魂が好きなように、マワリテメグル人生のしくみを楽しんでいます。

私たちは、愛の星地球の地上で、繰り返しの生まれ変わりを体験していますが、いろんな星々が気になる魂は、ダイナミックにいろんな星巡りをしています。星の旅人です。

どう見ても宇宙人っぽい人がそれにあたります。地球になじめない、慣れていない雰囲気を持っています。思い当たる人がいたら、その人がこのタイプです。

地球は、天の川銀河の中でも、愛の表現が多様で、いのちが生き生きとたくさんの種類を体験できるので、とても人気の星です。

現在は、約400種類の星の魂が地球に集まって来ています。

過去生が他の星の人もよくクリニックにいらして、どんな星から来たのかを質問してきます。私は、「魂の通訳」をしていますが、来てくださる方の質問の内容がだんだんと宇宙的になってきています。

実は、私たちは、厳密に言うと、全員「宇宙人」です。

「宇宙人」とは、宇宙的な人という意味です。

自分が自分を宇宙的な人と思うようになるのか、人が人を宇宙的な人と見るのか、どちらも宇宙人です。

そして、**実は、宇宙に時間はない**のです。**過去も未来もすべて今の中にあります。**

私が27年間も続けてきた、「愛と笑いの過去生療法」も、実は、「愛と笑いの今療法」なのです。

では、過去生はあるの？

必要な人には、過去生はあります。

必要ない人には、過去生はありません。永遠の今だけです。

必要だったけど、もう今は必要ない人にも、過去はなく、永遠の今だけです。

ずっと、過去生療法をやってきたのに、過去生は必要な人にだけあるということを言ってしまいました。

私たちの意識の変化に応じて、宇宙も変化していきます。自由自在なのです。

だって、私たちの意識は、ずっと１３８億年間も今今今いま……なのですから。

天がもうばらしてもいいとのことなので、思い切って発表しました。

つまり。必要とされることで、ものごとは存在を続けるのです。

あなたも私も、必要とされている間は、このまま存在を続けていきます。

楽しく続けましょう！

なぜ過去生が目覚めのヒントになるのか？

それでは、なぜ過去生が目覚めのヒントになるのでしょうか？

魂の通訳として、人生の謎解きをすると、過去生のヒントから、なぜ今の人生で自分が向き合っていることが起きているのかが、わかってきます。つまり**過去生の続きをやっていたり、過去生での体験の真逆を体験して、相手の気持ちが理解できるようになる**ことを知ります。それがストンと腑《ふ》に落ちて、次に進めるようになるからです。

まさに、目から鱗《うろこ》が落ちて、新しい世界が開かれるような感じがします。

例えば、いちずに夫を愛してきたのに、浮気がわかってとても落ち込んでうつになってしまった女性が来院されたときに、なぜそのような体験をするのかを謎解きしてみたら、過去生のヨーロッパ時代に、彼女がイケメンの男性だったとき、ある人妻に恋をしてアプローチしますが、なかなか人妻は夫と別れることができず、その時代は悲しい別れを迎えます。

今生では、夫がそのときの人妻で、性が逆転して過去生の悲恋は見事に成就しました。ところが、人妻の夫が生まれ変わって、女性になって一時的ですが、彼女の夫を取り返しにきたのです。過去生の謎解きをしたら、あっという間に夫のことを許すことができました。

つまり、過去生の謎解きによって、お互いに違う立場を体験して理解し合う人生のしくみになっていることに気づきます。目の前のつらいことが時間軸を長く持ってみることで、全体の流れが見えてきて、俯瞰することができるようになります。

それが、スピリチュアルな目覚めのヒントになって、本当の自分に目覚めるきっかけになります。

自分の子供があまりにも変わっていて、日常生活も、学校でも、簡単なことができずに、慣れないでいるのですが、謎解きで自分の子供が宇宙人だとわかると、すべてのことがなるほどとわかって、理解できるようになります。長年の悩みが一気に解決してしまうのです。

あっという間に怒りが消えて、許せるようになります。

本当に、魔法のように変わってしまうのです。

宇宙人で、まだ地球に慣れてないと思うと、それなら仕方ないと許せてしまうのです。

そのときの、嬉しそうな安堵した表情を見るのが、たまらなく好きです。

長年、「魂の通訳」をしてきた醍醐味です。

だから、この「愛と笑いの過去生療法」が面白くて、楽しくて、感動的でやめられません。


必要な人がクリニックに来てくださる間は、きっと続けていくと思います。

必要な人がいなくなったら、きっとそのときが潮時です。

クリニックを閉じるベストタイミングです。

最近は、ヒーラーたちがやってきます。同業者です。この現象は、以前からありましたが、すでに予言されていました。

約40年前に、トランプカードを使って、必要なメッセージを伝えるアメリカ人の男性から、このような活動を始める前に言われていました。

「あなたは、これから講演会やワークショップ、セミナーなどを始めます。本もどんどん書いていきます。最初は癒しの本ですが、だんだんと奥深い人生のしくみや宇宙のしくみを解説する本を出していきます。そして、あなたの本で人々が癒され、目覚めていくのです」とのメッセージでした。それはことごとくその通りになって、楽しく展開してきました。

本当にありがたいことです。

彼は、トランプカードを通じて、私の人生のシナリオを読み取っていたのです。

それは、トランプカードでなくても、タロットカードでも、エンジェルカードでも、何もなくてもチャネリングでも同じです。**相手の人生のシナリオを読み取って、相手の表面意識に伝える役目**を持っているのです。

あなたにも、そのようなお役目があったら、突然メッセージを受け取るかもしれません。

そんなときは、自然体で、淡々とお役目をなさってください。それがブレずに続けていけるコツです。

自分で瞑想しても、解放に必要な過去生のイメージが出てきますので、ぜひやってみてください。瞑想が習慣になるとスムーズです。瞑想の前に、過去生のイメージで目覚めのヒントをもらうと決めてください。そのように設定がセットされます。

瞑想については、第2章をまた読み返してみてください。

私はどうやって過去生を見ているのか？

精神科医の私が、「患者さんの過去生をどのように見ているのか？」とよく聞かれます。霊や妖精や天使は、子供のころから普通に見えていましたが、患者さんの過去生が見えてきたのは、なんと42歳からです。診療に必要になってから見えるようになりました。仕事に必要になってから過去生のイメージが見えるようになったのは、とても合理的です。

研修医のときは、逆に霊が見えると怖がりな私は、とても患者さんの診療ができないので、守護天使にお願いして見えなくしてもらいました。本当にカーテンが降りるかのように霊が見えなくなりました。

だんだん慣れてきて、怖がらなくなってから少しずつ、「ちょっとだけよ〜」という感じで見えるようになりました。患者さんに憑《つ》いている霊と対話して、光に帰ってもらったり、ご先祖さまの中で、まだ成仏していない魂さんがいたら、説得して光に帰ってもらったりしていました。

過去生のイメージが見えるようになったのは、神戸での大きな地震のあと、クリニックを開設してからです。

クリニックでは、アロマ、クリスタル、ハンド、ヴォイスヒーリングをして、患者さんの潜在意識に残っている感情を一気に解放して、エネルギー治療をします。そのときに出てくる**悩みや症状に関連のある過去生のイメージが、患者さんの目の前の少し上に、必要なところだけ、立体テレビのように映し出されて見える**のです。

もう少し見たいと思っても必要なところだけで消えてしまいます。

歴史的なシーンで気になっていることが出てくると、こちらが勝手に興奮してしまいます。源義経の部下だった過去生の人が来院してきて、謎解きをしたら、なんと蝦夷《えぞ》から中国本土に渡っていたので、もしかしたらチンギス・ハーンになったのは本当かもしれません。

残念ながらその先は見えなかったのですが、わくわくしました。

人生の謎解きは、このように、歴史的なことが垣間見られて、とても楽しいです。

もちろん、歴史的な人々が登場するのは、わずかですが、最近はオペラやミュージカルにもなった歴史的な人物の過去生が出てきて、びっくり興奮しました。

エジプト時代の女性で、アイーダのような恋愛パターンのエネルギーを持った方が来ました。オペラ「アイーダ」がちょうど、3か月後に東京で珍しくあるので、ぜひ見るようにお勧めしました。

解放することが決まっていたのか、あまりにもタイミングがよすぎて、びっくりです。

このように、自然にいろんなことが重なるときには、間違いなく潜在意識の大解放なので、安心して、受けてください。目覚めが促されて、視界も明るく開けてきます。インスピレーションが自然に湧いてきて、アイデアがどんどん広がってイメージが出てきます。

クリエーションの流れが始まります。

感情のブロックが解放されると、自然に次のステップに進んで、その人が体験したい流れが始まるのです。それから大いに前に進んで面白いようにとんとん拍子でことが運びます。

もしあなたがその流れに乗っていたら、大いに楽しんでください。

もし壁にぶつかっていたら、それは必ず乗り越えられるハードルなので、それも楽しく乗り越えてください。すごい達成感と満足感が待っています。

ファッションに見る過去生の解放

患者さんは、クリニックで解放する過去生にちなんだファッションで来られることがほとんどです。

赤いタータンチェックのワンピースを着てきた女性は、イギリス時代が三つ、中国時代が二つ解放されました。効率のよさにびっくりです。タータンチェックはイギリス時代の象徴です。そして赤は、中国時代の象徴です。まさに彼女の偉大なる魂さんは、ドンピシャのファッションを選んできました。

イギリス時代は、英国王室を守る黒いふわふわの帽子をかぶってずっと立っていた兵隊さんの時代と、スコットランドのバグパイプを持って、同じ赤いタータンチェックのスカートをはいていた男性、さらに大邸宅で子供を８人も育てバラが大好きだった女性でした。

ちょうどそのとき、私も赤のバラのワンピースを着ていました。

中国時代は、裁判官の男性と太極拳の先生がありました。今生でも太極拳を趣味として、始めたらめきめきと腕を上げて「先生になりなさい」と言われてからやめたそうです。同じ体験は繰り返さないので、そこまでで十分でした。今生の太極拳の先生が中国時代では自分の弟子だったので、素敵な再会になりました。

もう一つ、戦国時代に弓の名人だった武士でしたが、今生でも弓道をやって、やはり先生になるまで探究したそうです。

才能＝過去生で体験したことなのです。もし趣味で始めてもとんとん拍子で上達して先生になるほど上達したら、過去生でその道の先生をやっていたかもしれません。

先生になりたい人はどうぞ、そのまま上りつめてください。可能性があるのにピンとこなかったら、すでに過去生で上りつめているので、やらなくても大丈夫なのです。

彼女の赤いタータンチェックの模様は、私の大好きなイギリスのバタークッキーの缶の模様です。とても懐かしくなりました。直感で赤いワンピースを買ったのに、一度も着たことがなくて、初めて着たのが沖縄での初診だったそうです。このときのためのスペシャルな服だったのですね。

同じように、このときのためにとポルトガルの民族衣装を着ていらした女性もいました。やはり、ポルトガルのシスターの時代が最初に出てきました。とても厳しい修道院長でした。そのときの教え子に今彼女が尊敬してよく会いにいくシスターの鈴木秀子先生がいらしたので本当にびっくりしました。カニにトラウマがある秀子先生に、沖縄にいらしたとき知らないでカニ踊りを伝授してしまいました。今では講演会の途中で、「疲れたでしょうから、カニダンスをしましょう～」とカニ踊りを取り入れてくださっているそうです。彼女から聞いてほっとしました。

彼女には、インド時代がありました。悪魔払いをする男性でした。太鼓を派手に打ち鳴らして踊りながら、相手に憑いている悪魔を光に導く方法です。今でも太鼓が大好きで趣味にしているそうです。もっとびっくりしたのが、インドで正式な結婚式をしたことがあるそうです。過去生の約束を果たした結婚でした。すべてはうまくいっていますね。

最近、似たようなファッションで、解放の過去生もそっくりの女性が二人来診されました。

最初の女性は、中が黒のノースリーブのワンピースで、薄い透けるようなピンクの上着を羽織ってきました。フランス時代に明るい自然体のお嬢様で、そのときの乳母が今生のお母さまでした。大好きな両親が決めた結婚相手がどうしても好きになれないタイプの男性で、とても悩んで結婚式当日まで悶々《もんもん》としていましたが、とうとう当日になって逃げだして、乳母が勧めた修道院に行きました。ところが食事が合わなくて、薄味のスープと固いパンが出て、メインを待っていたら、メインはなかったという状況にびっくりして、乳母に差し入れを頼んだのですが、厳しい修道院長に反対されて、やむなく自宅に戻りました。

結婚当日花嫁に逃げられて結婚相手は激怒して破談になり3年がたちました。

それでもちゃんと縁談が来ました。あまりにも変わりもので嫁が来ないという貴族の息子を勧められ、森へ狩りをしている彼をこっそりと見に行って、なかなかのイケメンなので、ポーッとなり、うっかり落馬して見つかってしまいました。

その彼と結婚しましたが、3年後に今度は彼が落馬して亡くなってしまいました。

その彼と再会して、添い遂げたいのが、彼女の魂さんの本音でした。

もう一つの解放したい過去生は、下に着ている黒いワンピースに象徴されている修道女の時代です。イギリスで、とても暗いシスターでした。あまりにも暗くて、誰も近づいてこないほどでした。先にフランスの解放をしていたときに、患者さんがあまりにも笑って、涙が出るほどでしたが、なんとイギリス時代の暗いシスターもお腹を抱えて笑えるようになりそのはずみで、とうとう光に帰ることができました。

自分の過去生の一つがもう一つを笑いで癒せる光景を初めて見ました。なんて効率がいいのでしょう！　自分で自分を癒すことができたのです。

あまりにもびっくりしたので、ぜひこの本でも紹介したいとお願いしたら、とても喜んで承諾してくれました。

もう一人の女性は、やはり似たようなファッションでしたので、とても印象に残りました。

黒いロングスカートに白いブラウスを着て、その上に薄手で透き通るようなオーガンジーのピンクの上着を着ていました。最初はブラウスも黒でしたが、クリニックに来る直前に白に着替えたそうです。クリニックに来られる方で、出かける直前に着替えたり、待合室で着替えた方もいました。その方は、あずき色のワンピースに着替えたのですが、それはまさにチベット時代の僧衣だったので、チベット時代の解放にはバッチリでした。

二番目の女性も、フランス時代にドレスのデザイナーをしていました。さらにヨーロッパ時代にシスターもしていたので、最初の女性と過去生の内容もファッションも似ていました。

本当に、患者さんたちは、解放する時代の衣装を着てくるのです。

さらに、ユニークな展開になったのは、シスターがフランス時代のドレスを着て、「これからは私の出番です～好きだった修道士を見つけて結婚します～」と宣言していて、びっくりしました。そして、自分の中に真面目で奥手のシスターの性格と自由奔放で恋愛大好きな性格とまるで正反対のような自分がいることに納得していました。

過去生の違う自分が助け合うという現象が最近出てきて、これは新しい傾向です。

まさに、アニメ映画「すずめの戸締まり」のテーマの「**未来の自分が過去の自分を助ける**」ということに当てはまります。びっくりです。

自分で自分を癒す時代になってきました。素晴らしいことです。

自分の中で、時空が自由自在に動きだしています。

これも進化成長の流れだと思います。

自分で自分を癒すことができれば、素晴らしいです。過去生療法セミナーのときに伝授するシンプルなワークとして、「愛のサンドイッチ」という松果体を活性化するものがあります。

目覚めのワーク⑲

愛のサンドイッチワーク

利き手を相手の首の後ろに当てて、もう一方の手をおでこに置くのです。

そうすると、ハートからあふれ出る愛のエネルギーが、手の平から出て、愛のサンドイッチで癒すことができます。

これを一人で行なう時は、利き手を自分の首の後ろに当てて、もう一方の手をおでこに置きます。１分間位するとすっきりしてきます。

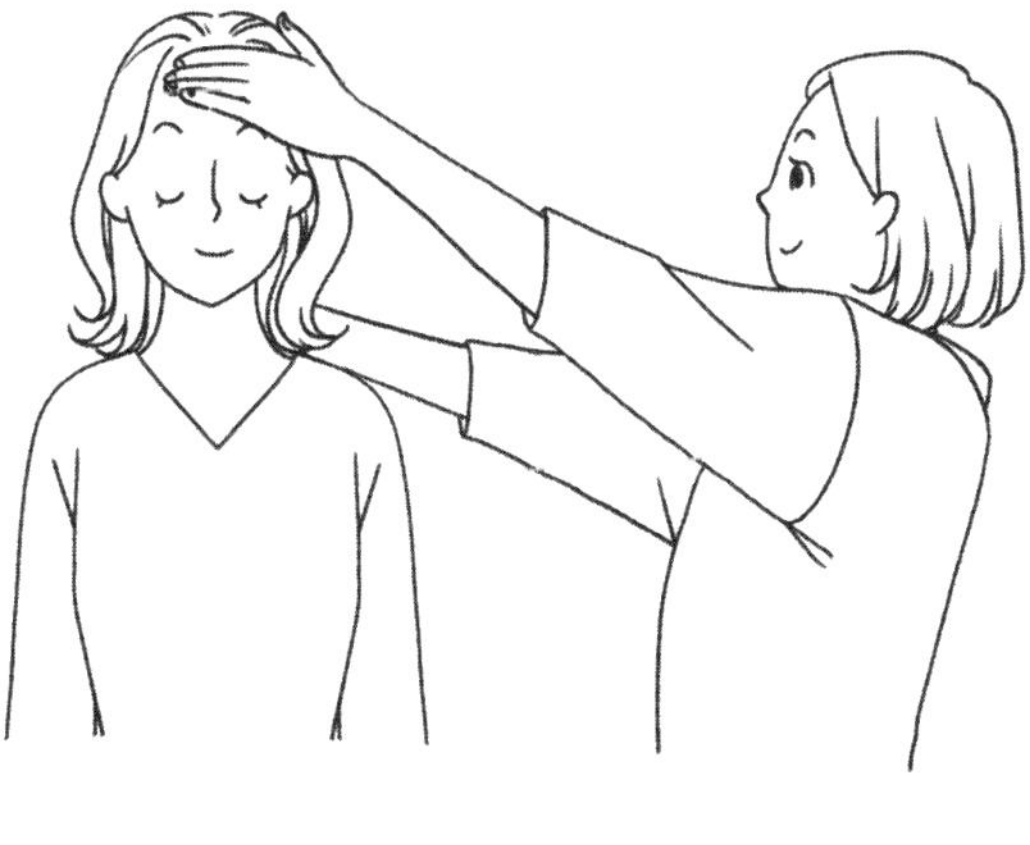

松果体は、内なる宇宙と外の宇宙とつながっていますので、両方の宇宙とつながります。そして、自分の身体の自律神経にも心地よい愛の刺激が加わって、程よいバランスが取れるようになります。とてもシンプルで効果があるので、ぜひ試してみてください。本来、**宇宙の真理は、とてもシンプル**です。難しいのは、自然にスルーしてしまいます。それでいいのです。

もう一つ、自分では手が届かないけれども、家族や友人にお願いしてやってもらうとてもシンプルで効果抜群のヒーリング方法があります。背骨にそって、サーッと手でさすってもらう「背中スリスリ」です。大事な脊髄に愛のエネルギーが注がれて、それは気持ちよく短期間で元気になります。背中は、愛をとても吸収するところです。あっという間に愛のエネルギーが脊髄を介して、各臓器に行き渡ってゆるんで楽になります。

目覚めのワーク⑳

背中スリスリワーク

右手で相手の背中をスリスリと優しくなでてください。
家族や友人にやってあげて、そのあと同じように自分もやってもらいます。
手からは、愛のエネルギーが出ていますので、さすってもらうと、とても気持ちがいいです。ついでに愛の言葉かけもしましょう。相乗効果が期待されます。「生まれてきてくれてありがとう」「今日までよく頑張りました」「生きててくれてありがとう」

東京時代に、国立の精神病院の児童精神科外来を担当しているときに、どこに行っても治らない頑固な夜尿症の小学生の男の子のケースで、両親に手で背中をさすってもらったら、５分ずつ、二人で10分毎日続けてもらっただけで、ピタッと夜尿症が治りました。無事に、修学旅行に行けて、本人も両親もとっても喜んでいました。背中をさすってくれるだけで、両親の愛が届いて症状が見事に消えました。愛が欲しかったのです。

愛と笑いの過去生療法

薬を使わない治療法を探究して、愛と笑いの過去生療法に行きついてから、27年になります。アロマ、クリスタル、ハンド、ヴォイスヒーリングを組み合わせて、独自のヒーリングで、人生の謎解きのお手伝いをしています。

私は、小さいころからいわゆる「不思議ちゃん」で、天使、妖精、龍、霊などが見えるのです。松果体が活性化しているからだと思います。その才能を最大活用して、患者さんの魂さんからのメッセージやイメージを受け取って解説する「魂の通訳」の役目をさせていただいています。

これまでのクリニックでの症例から、目覚めのヒントになるものをここで紹介してみたいと思います。

最近のケースで、びっくりの内容のものがありました。

40代の男性で、中国の過去生が最初に出てきました。なんと、孔子の弟子だったのです。孔子の弟子は、3000人もいました。ちょうど孔子さまが光に帰られるご臨終のときのシーンがとてもクリアにイメージとして彼の目の前に見えてきました。

孔子のお弟子さんがたくさんいる中で、彼は比較的孔子さまの近くにいて、先輩弟子さんが孔子さまに呼ばれて手を握って、「あとを頼む」とおっしゃったのを見ました。

その先輩弟子さんが、今生では彼が尊敬する谷口雅春先生でした。谷口雅春先生は、生長の家という宗教団体を創設した方です。彼は、生長の家の職員だったことがあるので、とても納得しました。私は、生長の家の信者ではありませんでしたが、谷口雅春先生の本が好きで、生命の実相や精神分析の本を読んでいました。谷口雅春先生の講義のカセット集「神癒のための集中講義」を聴いていたこともありました。

それを、なぜかアトリエのクリニックに降りていく扉の近くに置いていたのです。彼の魂さんが、「あのカセット集を彼に見せてください」とリクエストしてきました。

なぜ彼の魂さんがそのことを知っているのかしらとびっくりしながら、クリニックの階段を上って、取りに行きました。

「何十年も前に買ったのですが、何度も断捨離の関所を乗り越えて、どうしても直感でこれが役に立つときが必ず来ると確信して、ずっと手元に残していました。この10年間は、アトリエのクリニックへの扉の近くに置いていました。それが、今回の診療だったので、私も感無量です。本当に来てくれてありがとうございます」と熱く思いを伝えました。

約35年近く、持ち続けて待っていたものがやっと出番が来て、魂の底から感動が湧き上がってきました。しかも、ちゃんと取りやすいようにドアの近くに置いてあったので、診療中にアトリエに行くことはないのですが、このときがまさに待っていた人だったので、素晴らしい流れになりました。

彼はびっくりして、「生長の家のことは、話さないつもりでした。まさか啓子先生がこれを持っていらしたなんて、びっくりです。僕も持っていましたが、断捨離してしまいました～」と手に取りながら、裏を見たら、１５４５０円と値段が書かれていました。

約35年前にこの値段はとても高かったと思います。自分の直感を信じてキープしてきて本当によかったです。そして、Amazonで調べたら、在庫切れでした。発売されたのが35年前だとわかりました。少なくとも35年前からこの診療のために準備していたことになります。壮大な計画ですね。我ながらびっくりです。

今回生まれてからの表面意識は知りませんが、偉大なる魂さんは、ちゃんと計画していたことになります。そして彼の偉大なる魂さんも知っていて、リクエストしてくれたのです。そのおかげで35年間の準備期間が生かされて報われました。「人生のしくみ」は壮大です。過去生療法をするようになって、28年目になりますが、最近特に佳境に入ってきたのか、しみじみと「人生のしくみ」の素晴らしさに感動することが多いです。

これは、ぜひ2日後のライブ配信で紹介したいと思って、アトリエにカセット集を当日取りにいきました。カセットで久しぶりに聞いてみたいと思ったら、守護天使の桜ちゃんから「目の前のCDデッキで聴けるわよ〜」とアドバイスがありました。そんなわけはないと思ってみたら、本当にカセットデッキにもなる優れものでした。さっそく一枚取り出して聞いてみたら、35年ぶりに谷口雅春先生の声が響いてきました。

直感で取り出したカセットは、肺の疾患についての講義でした。「私たちは神の子ですから肺も気管支も完璧です。そう思うとそうなります〜」というすべては完璧であるという教えを熱く語っておられました。この声の響きの魂が中国時代に孔子さまの弟子だったのだと改めて感じながら、今だからこそ、孔子さまの弟子たちが目覚めて、宇宙の真理をそれぞれのやり方で伝えていくベストタイミングだと思いました。

彼は、もう一つ、大切な過去生の解放をしました。

待合室で急に寒さを感じて、鮮やかなオレンジ色のハーフコートを着て、診療室に入ってきたのですが、その色を見て、あっ、水銀鉱石の辰砂だと思いました。

前述したように、患者さんは、診療のときに解放される時代に関係するファッションを着て来ます。

やはり、彼は過去生で、高野山の水銀鉱脈に関係するお坊さんでした。私も空海さんの甥の智泉《ちせん》というお坊さんで、水銀鉱脈を担当するお役目をしていました。水銀はとても貴重でしたから、高野山を経済的に支える大切な部門だったのです。

高野山で購入してきた、高野山のヒノキの香りを使って、その時代の解放をしました。

さらに江戸時代に寺子屋の先生をしていたことも出てきました。

「江戸時代に寺子屋で教えてきたことを、現代でも今に合った内容で、自分の体験を加えて伝えていきましょう！」と伝えてこれからの方向性のヒントになったらと思いました。

過去生のヒントから、これからやりたいことが浮き出てくることもあります。

11は、大変革の第一歩

11という数字が大変革の第一歩という響きを持っています。

24年前の11月11日は、沖縄に移住して啓子メンタルクリニックを再開した記念日でした。しかも、11にこだわって、クリニックの最初の患者さんを11時11分に診ました。すごいこだわりです。

そして、２０２２年の11月11日に、待望の新海誠監督の新しいアニメ映画「すずめの戸締まり」が封切られました。このアニメ映画の内容が３・11を真正面から取り上げているので、やはり11の数字にこだわって、この日にスタートしたのです。

私は、このアニメ映画を11月15日に見ることができました。あまりにも衝撃的で見終わっても動けず、やっと起き上がったら、階段で腰を抜かしてストンと座り込んでしまいました。

それほど衝撃的で、ミラーボールのように多次元的な刺激を持ったアニメ映画でした。たくさんの日本人がこれを見れば、日本は大丈夫だと直感的に確信を持ちました。そして本当に１０００万人の人々がこのアニメ映画を見ました。私は6回も見ました。

３・11を正面から取り上げて、こんなに感動的に描くとは、新海誠監督は本当に天才です。しかもテーマは、「未来の自分が過去の自分を励まし助けている」ことなのです。

これは、とても大きな大事なテーマです。そして今必要なメッセージなのです。

なぜ、そんなことが可能かと言うと、今の中に過去も未来もあるからです。

その謎解きに、新海誠監督の作品「君の名は」と「すずめの戸締まり」が登場します。

この映画に出てくる扉は、**「時空の扉」**です。そして、「時空の扉」は、アルクトゥルスという虹色の星の領域にあります。

「君の名は。」のときには、たそがれ時に3年違う時空にいる瀧くんと三葉の二人が会って話をすることができました。そして、二人が力を合わせて、彗星が湖にぶつかって、多くの人々が亡くなることを回避できました。あの映画が日本だけでなく世界にも人気が出て、たくさんの人々が見ることにより、「彗星が来ても助かる」という意識に変わったことで、実際に大きな彗星が地球にぶつかるのを回避できたそうなのです。とても大きな意味を持ったアニメ映画でした。

ここで登場する扉は、**過去の自分と未来の自分が会える不思議な扉**です。しかも、これから起きるかもしれない地震の場所で後ろ戸を次々に閉じることで、地震を起こす巨大なみみずのエネルギーを封じ込めてくれたので、もう地震は起こりません。要石は、実際に鹿島神宮と香取神宮にあるそうです。

このアニメ映画をたくさんの日本人が見ることで、日本人の意識が変わり未来に希望を持てるように変わります。美しい映像の中に、アルクトゥルスの虹色が散りばめられていて、元アルクトゥルス人の魂は、その虹色の光を浴びて目覚めのヒントになります。

そして、地球のために奉仕したくなる気持ちが自然に湧いてくるのです。しかもアルクトゥルスの領域に時空の扉があるので、私たちの内なる宇宙に、未来への希望の光がさしてくると、もともと光の存在である私たちは、その光とつながって、自分も光だったという大きな目覚めのヒントになります。

実は、**アニメ映画が、目覚めのヒントになることが多い**のです。

きっと、「すずめの戸締まり」もこれからさらにたくさんの人々が見て、海外にも広がって、明るい新地球へとつながっていくのだと思います。

私たちの意識が変われば、あっという間に世界が変わります。

「そういえば私にも」という思いで自分の人生を振り返ってみてください。

この世では、やりたかったことを次々に体験して、それが魂の喜びになってますます自分の中の光が輝いてまわりを照らしていきます。

過去生の謎解きから今の使命がわかる

クリニックには、自分の使命が知りたいと来院される方が多いです。

この本を読んでいるあなたも、そのような思いがあるのかもしれません。

まさにそのために、まだご覧になっていない方は、アニメ映画「すずめの戸締まり」を見てください。そして未来の自分が過去の自分を癒してくれているという、素敵な愛の循環がこの「宇宙のしくみ」にあることを確認して、安心して直感で感じるままにやりたいことを次々に行動していきましょう！

きっと手ごたえを感じて、これでいいのだと思える流れが始まります。

つい最近も、私の使命は何でしょうと使命が知りたい女性が来院されました。とても美しい女性で、バリ島の舞姫だったり、南仏時代のジプシーだったり、イギリス時代内科医だったりといくつも過去生のイメージが出てきたのですが、何と彼女の魂さんからの知りたい**使命についての答えが、「人生を楽しむこと」**でした。彼女は人助けが使命と思っていたのでびっくりしていました。彼女が人生を謳歌することで、まわりの人々もそれにつられて楽しもうとして、その素敵な楽しい波がユートピアになる流れになるそうです。

それを聞いて、嬉しくなりました。

人生の目的は、人生を楽しむことだったのです。拍子抜けすると同時に気持ちがゆるんで楽になりました。

彼女の場合、特にイギリス時代の内科医がとても真面目でしたので、それを聞いてガクッときてゆるんだ姿に感動しました。私も過去生でイギリス時代に内科医だったことがあります。

そして、そのときに、真面目を尊重するけど卒業するワークを彼女とやりました。右手の平に優しく息を吹きかけて、「フ〜真面目」と言うのです。これはずっと真面目に生きてきた人には、とても受けます。真面目に生きてきたからこそ、その真面目さを称《たた》えながら、そこから卒業の「フ〜」を付けることで、軽やかに飛べるのです。

目覚めのワーク㉑ 「フ〜真面目」ワーク

右手の平に優しく息を吹きかけて、「フ〜真面目」と言います。

3回やってください。
「フ〜真面目」「フ〜真面目」「フ〜真面目」

実は、カタカムナ相似象では、フ〜の響きは思いがけない発想、びっくりする流れを意味します。だから英語でも思いがけない＝フェイントfeintと言うのです。面白いでしょう？

自分の使命が人生を楽しむことだったというのもまさにフェイントでしたね！

動物にも転生があるの？

クリニックでの愛と笑いの過去生療法をしていると、人間だけでなく動物の生まれ変わりに遭遇することがあります。

ある常連の患者さんが、「啓子先生、羽根が傷ついたすずめを保護して育てているのですが、急に元気がなくなってどうも私の霊的な面の身代わりになってくれている気がするのですがどうでしょうか？」とびっくりの相談がありました。

すずめのヒーリングを遠隔でするのは初めてでしたが、さらにびっくりなのが、そのすずめが鷹狩の鷹だった過去生があることでした。

「どうも、そのすずめの過去生はあなたが鷹狩係の武士だったときに、鷹だったことがあるみたいね〜今回は、そのときとても親切で愛いっぱいに世話してくれたお礼に、あなたが感じた通りに霊的な光の仕事のお手伝いをしてくれているわね〜」と解説しました。

そのヒーリングが効いて、すずめちゃんは元気になりました。よかったです。

鷹だったことがわかったので、豚の生肉をあげたら喜んで食べたそうです。びっくりのすずめのお話でした。

次は、金魚のこうちゃんのお話です。

とても大きな金魚を飼っている友達が、「金魚のこうちゃんに腫瘍ができて、大変そうなの〜」と一生懸命に金魚の看護をしていましたが、とうとう亡くなってしまって、悲しんでいたので、電話越しにちょっと金魚のこうちゃんの通訳をしてみました。

彼女の献身的な看病に、とても感謝していて、こうちゃんは鯉《こい》だったけど彼女のところに来るために、かなり大きめの鯉のような模様の金魚になって生まれてきたそうです。

予定通りに、仕事でストレスの多い彼女のために、身代わりになって腫瘍ができました。

こうちゃんの色が赤と黒と白だったのが、金色に変化して腫瘍も小さくなりました。そして光に帰りました。また鯉に生まれ変わるそうです。そして今度は金色の鯉になるそうです。こうちゃんも進化成長しています。

鯉から金魚、そしてまた鯉に生まれ変わることになるという、びっくりな転生です。

天の舞の蓮池にも金魚がたくさんいます。

蓮池の金魚も最初は４センチくらいの小さな金魚が４匹でしたが、どんどん金魚算で増えて、１００匹くらいになりました。無防備で人なつこい金魚に成長して、のら猫やからすのえさになりやすく一時は60匹くらいに減りました。中には「鯉ですか？」と言われるほど大きくなって自由自在に泳ぎまくっている金魚もいました。

人も金魚も、与えられた環境が自由自在であると、いくらでも伸びていきます。私たちのいのちには、無限の才能、無限の可能性が秘められているからです。

私は、５月生まれのせいか、鯉のぼりが大好きです。自分の名前が越智啓子なのに、「恋におちる」という表現が苦手で、「恋のぼり」の方が好きです。

英語でもフォーリング・ラブ falling love と恋におちると表現します。歌にもよく出てきます。クライミング・ラブ climbing love がいいと思います。英語で新語を創ったのは初めてです。誰かが言い始めたら、その言葉も存在を始めると思います。

「行き当たりバッチリ」も大好きで広めています。
そのうち、もとのフレーズを忘れるかもしれません。
ずっと私も「行き当たりバッチリ」の人生を歩んでいます。

地球は宇宙の実験の場

地球は、太陽系にありますが、太陽系の星々は、すべて中が空洞になっていて、私たちが今いる地球は、愛にあふれた素晴らしい星です。

この広い宇宙のいろんな銀河でも、なかなかないとても貴重な星なので、生まれ変わる星としては、とても人気があります。愛にあふれた地球という星には、様々ないのちが息づいていて、それは素晴らしい体験がいろいろできる人気の星なのです。

それで、いろんな銀河や様々な星から、地球での体験を望んで生まれ変わってきているのです。あなたのまわりを見ても、いろんな面白い人がいて、見ているだけでも飽きないほど多種多様の人々であふれています。

私たちが今住んでいる、**青い美しい星・地球は、いろんな銀河での問題点を持ち寄って、**

いろんな実験をして解決したヒントを持ち帰るという不思議で素敵な役割を持っています。

それを裏付けるようなケースがありました。

乳がんのステージⅣまでいって、立派に10センチもあって、骨にもリンパにも飛んでいました。がん研を紹介されて、不安がいっぱいな女性が来院して、愛と笑いの過去生療法をしました。地球での過去生が出てくると思ったら、すらすらと魂の通訳の私の話が宇宙的でとんでもない内容でした。

「あっ、どうしてもがんのエネルギーを感じません。きっとがんもどきだと思います。全く問題ないです。おでんのがんもどきを美味しく食べてください。

それからあなたは、プレアデス星団から来た魂です。プレアデス時代に男性の科学者で、右上半身のパーツを入れ替える実験中に意識が飛んで、地球に来て続きをやっています。その続きが着々と進んでいます。おめでとう。この件でかかわってくれているすべての人々がプレアデス系で、ちゃんと助けてくれます。安心して自然の流れを楽しんでください」

と、あまりにもぶっ飛んだ解説をして、大爆笑になって、びっくりしました。

でもなんの不安感もなく必ずこの実験は成功して、完治するという不思議な確信がありました。

その安心感と確信のエネルギーが、不安で縮こまっていた彼女とパートナーを愛と笑いで優しく包み込んで、すっかり意識が「大丈夫だ～」の明るい意識に変わってしまいました。

がん研にさんざん脅されても、お二人とも不動心で、淡々と受け止めることができて、すすめられた抗がん剤も手術も断って、ホルモン治療だけを受けました。

その後、友人から紹介された代替医療で宇宙船みたいなところで、ピンポイント放射線治療を受けて劇的によくなり、あっという間に4か月で、すべてがよくなりました。

たまたま友人を通じて、イギリスのケンブリッジとオクスフォードのトップのドクターたちに before after の検査画像を見てもらったら、「これは100万分の1の奇跡だ～、こんなことはありえない、どうしてがんが見事に消えてしまったのだ～」とびっくりしていたそうです。

まさに宇宙的にびっくりな展開でした。

5か月後にまたクリニックに来院して、ガンがすっかり治癒した嬉しい報告がありました。本人もエネルギー的に大きく変わり、すっきり別人のイタリア人になっていました。食欲もあり、仕事も順調です。

奇跡的に助かった先の未来に向けて、再診では、才能開きのイタリア時代のカストラータのエネルギーを開けました。

「啓子先生、プレアデスの実験は成功したのでしょうか？　右腕も普通に上がるようになりました」と軽やかに右肩を楽々回して見せてくれました。

「もちろんです。がんもどきがすっかり消えました。本当におめでとう！　そして、がん研の大浄化もありがとう！」

この世での平均値である常識の中にいると、そのわくからはずれるのが難しいのですが、**宇宙的な壮大な観点がいきなり入ることによって、意識がブチッと切断され、あっという間に別次元の世界観に突入できる**のです。

私たちの意識が変わると人生はあっという間に変わります。

意識が根本としてとても大切だからです。

地球では、がんは怖がられていますが、それも一つの見方でしかありません。酸素不足でも生きていられる細胞に変化しただけと思うと、なんだか健気なありがたい細胞に思えてきます。そう考えると叩くのではなく、たくさん酸素をあげればいいので、手っ取り早いのは、まず大笑いをして大量の酸素を取り入れることです。心から大爆笑をすると、ものすごい酸素があふれんばかりに身体に取り込まれるので、あっという間にがん細胞から未分化細胞に変わり、さらに笑い続けると正常細胞に戻ってしまいます。

いかに笑いが私たちに大切なものかがわかります。

ここで言う「がんもどき」とは、がんのようなコロイド状態で、意識によりいかようにもなるのです。しっかりがんだと決めつけるとがんになります。がんではないと決めるとがんではなくなります。

クリニックにいらした別のケースで、がんの精密検査を受けた方がいましたが、波動がやはりがんもどきでしたので、そのように伝えました。「おでんのがんもどきを食べましょう」とアドバイスしたら、家族でたくさん食べたら、精密検査の結果が良性だったそうです。

私たちの意識が変わると、いかようにも変わるのです。

ぜひ、大切なことなので、覚えておいてください。

さらに、私が魂の通訳ができるコツにつながるのですが、考えて脳を使うのではなく、感じて瞬間意識を宇宙に飛ばすことです。例えば、宇宙人は存在しないと思ってしまうと、宇宙人の存在の時空間を引き寄せないので、宇宙人とはコンタクトができないですし、このケースのように、地球に来る前の状況まで感じることは難しくなります。

あらゆる可能性を自由に認める感覚を持つことで、あらゆる可能性の世界とつながることが一瞬でできます。

私たちの魂は、光でもあり波動でもあり、そして意識でもあります。

意識することで、そのチャンネルが目覚めて意識した世界とつながって交流します。

プレアデス星人だけでなく、前述したアルクトゥルス星人や金星人、シリウス星人も続々と集まってきます。地球がいよいよ宇宙時代を迎えて、それに合わせた目覚めのプロセスが始まっているのです。

私たちの魂が目覚めることで、やっといろんな星の宇宙人ともコンタクトができて、実際に会ったり、話したりできるようになります。そのための目覚めなのです。

身代わりにも意味がある

クリニックの初診は、本人を診るのですが、たまに身代わりで母親が来院することがあります。それでも近い存在なので遠隔ヒーリングができましたが、最近珍しいケースがあったので、紹介します。本人の伯母さんが来院したのです。本人が飛行機に乗れなかったのでしかたありませんが、それにもちゃんと意味がありました。

アロマのベルガモットを手の平につけて、ハンドヒーリングとヴォイスヒーリングをしたら、そのときに必要な過去生のイメージが出てきました。江戸時代に本人は女性で、その母親が身代わりに来院した伯母さんでした。早くに病死して、父親が酒におぼれて、美しい娘を遊郭に売ってしまいました。

しばらくはその娘も辛抱して奉公していましたが、やはり耐えられずに飛び出して、駆け込み寺に逃げ込みました。そこに優しくて強い尼さんがいてかくまってくれました。その尼さんが、今生の母でした。やがて、娘はその寺で尼になり、尼寺を継いで、自分と同じように苦しむ女性たちを助けたのです。

今回の人生は、「光の仕事」をする目的だったので、理解の深い尼さんを母親としてお願いしました。ヒーリングの後で、せっかくいらした叔母さんの罪悪感も、伊集ぬ花という沖縄の香りで解放してスッキリでした。

人生一切無駄なしというフレーズをよく紹介していますが、ここでも本当に無駄なく一番いい形で進みました。

ここで言う「**光の仕事**」とは、**うつや統合失調症になって、亡くなっても思い残しが多くて、本来の光の世界に戻れない霊たちに、自分の光を供給して、光に帰れるように手伝う仕事です**。私の代表作の本『人生のしくみ』（徳間書店）に詳しく書かれていますので、興味のある人はそちらを読んでみてください。

もう一つの「光の仕事」は、英語でライトワーカーというスピリチュアルに活動する人のことです。地球人のネガティブな感情＝不安や恐れなどを解放するお手伝いの使命を持っている人です。寝ている間にも活動しています。

この世での社会に出ての仕事とは違って、「光の仕事」とは、目に見えない裏方の仕事なのでまわりの人々にはなかなか理解してもらえないのですが、とても大変で大切なお仕事です。本人が目覚めて、「光の仕事」の使命を覚悟すると、気持ちが楽になって、やりやすくなります。

うつや統合失調症になると、思いが重く暗くなり、波動が下がるので、霊の方からその人のことがうっすらと見えるようになります。しかも自分のことが嫌で、死にたいと思っているので、身体と霊体が離れていて、ずれているので入りこみやすいのです。

そんなに嫌なら私にその身体を貸してくださいとその人に近づいて、するりと身体にすべりこみます。別人のように暴れて、乱暴な言葉使いになるときは、やくざだった霊が入りこんでいるのです。このケースも若い女性なのに、まるで大柄な強い男性のように物を壊したり、暴れたり、暴言をはいて、とても本人と思えなかったそうです。

彼女の過去生の江戸時代に遊女として働いていたときの遊郭のやくざだった霊を入れてしまいました。逃げた遊女を追いかけて探していたので、京都の駆け込み寺の尼寺にも追ってきたのかもしれません。命がけで遊女を守ってくれた尼さんが彼女の今生の母親だったので、江戸時代と同じように、問い詰めたのかもしれません。

過去生の続きが今生でも起きていたのです。

激しく暴れる時期が終わって、今では大人しくなっていますが、飛行機に乗って沖縄まで来るのは難しかったのです。

それでも、ちゃんと彼女の人生の謎解きを、その時代の病死した母親だった叔母さんが代わりに来院して、彼女の人生の謎解きの応援をしてくれました。本当によかったです。

光の仕事人のケース

では、もう少し、「光の仕事」についての解説をします。

光の仕事は、本人がやりたくて選んでいます。それも何年続けるのか、何人の霊を助けるのか、本人の魂さんが決めています。だから決してかわいそうな被害者ではありません。

光の仕事をする魂の過去生は、僧や牧師、司祭、エクソシスト、悪魔祓い、陰陽師、ヒーラー、シャーマン、霊能者などです。

このケースも32人の霊を助けたと、魂さんが教えてくれました。32人は、かなりの人数です。そして、一応ノルマを果たしたので、暴れることがなくなり落ち着いてきたのです。ただまだ完全には身体にはまっていないので、意思疎通が難しいです。

霊を一人成仏させるのも大変です。私には、イギリス時代にエクソシストをやっていた過去生があるのですが、霊がついた人を解放するのに、大変なエネルギーが必要で、一回の解放に体重が何キロも減ってしまうほどでした。ですから、細身では身体がもたないので、霊能者たちは、ふくよかになるのです。私はまだ現役なので、ふくよかのままです。

私も、光の仕事をするときは、エネルギーをかなり使うので、食欲が旺盛になります。低血糖発作が起きて、手当たり次第にお菓子を食べてしまいます。死にそうなほどお腹が空いて、大人げないのはわかっていても、食べてしまいます。ご飯は、とてもスピリチュアルな食べものです。すぐに光となってエネルギーに変換されるので、ありがたいです。

特に、おにぎりは、スピリチュアルに波動を上げる素晴らしい食べ物です。

お蕎麦もスピリチュアルで軽くて、パワフルです。さらに天ぷらが加わると最強です。

霊的に敏感な人は、そのような現象を体験しますので、まわりの方は理解してあげてください。今回のコロナ禍でも、裏でいろんなことが起きています。「すずめの戸締まり」に出てきた閉じ師のような役割を密《ひそ》かにやっている人々が結構います。

表で活動するわけではないので、なかなか理解を得るのは難しいです。普通の活動ができないと、なまけもの扱いされてしまいます。でもその人なりに必死に戦っているのです。

クリニックにもそのような裏稼業の役割の人が来ます。誰にも、家族にもわかってもらえないので、「今まで、本当によく頑張ってきましたね～本当に光の仕事をありがとう！」と背中をさすったり、ハグしたり、愛と感謝で包むと、号泣されます。

光の仕事人は、単独活動が多いので、とても孤独です。自分と同じように内緒で動いている人がいるのは感じているのですが、テレパシックにメッセージが来るので、直感で受け取るしかありません。

明るく元気な人は、明るくてまぶしいので、霊からは見えないのです。別次元の存在なので、お互いにコンタクトができません。

私も、直接守護天使の桜ちゃんに聞いたことがあります。「どうして私にばかりやらせるの？　直接天使が霊ちゃんに話をすればいいのに～」と言ったら、「天使が近づくと、まぶしくて嫌がって逃げてしまうから話もできないのよ～」と言われました。

だから光の存在の天使が直接霊を助けることができないのです。霊的に敏感な霊媒体質の人＝光の仕事人の出番なのです。

私たちが落ち込んだり、自分を責めたりして、波動が下がったときに、霊たちとコンタクトがとれるのです。つまり落ち込んで波動が下がったときに、そのレベルの世界の霊たちに光をあげて、光に帰る手伝いをします。

暗く落ち込めば、霊たちを助けられるのです。反対に、明るく元気になれば、楽々人生を謳歌することができます。

そのためには、一気に明るい時代の過去生を解放して、意識を切り替えることが可能です。それができたケースがあったので、紹介します。

幼いころからうつ症状に悩まされ、ずっと光の仕事をしてきて、20歳から重症になり、コロナ禍でさらに光の仕事が加速して、かなり疲れ果てて、早く光に帰りたいと心の中で叫んでいるアラフォーの女性でした。

なかなか再診の予約が取れず、アロママッサージを受けにきたのですが、一緒にランチをしてもなかなかしっかりとした癒しの話ができなくて、もどかしく思っていたら、突然キャンセルが出て、再診可能になりました。

やっと私ももどかしさが解消されて、ルンルンでヒーリングができました。

自分と同じような光の仕事に疲れてしまった女性なので、理解しやすいのです。

ラベンダーの香りで、ヒーリングしたら、いろんな過去生が出てきました。

ちょうど太陽の音の音叉《おんさ》を響かせたときに、南米のマチュピチュに降り立ったビラコチャという男性の太陽人のイメージが出てきました。水をいっぱい含んだ彗星が地球に近づいてきて、大量の水を地球に降り注いだことがありました。そのときが有名なノアの箱舟の話です。

実は、あれは本当にあったダイナミックなエピソードなのです。

大きな彗星が近づいてきて、地球は大洪水になると予言した人がいて、あわてて巨石でシェルターを作りました。やがて本当に大雨が続いて、洪水が起きて、地面が大きく削られてワイナピチュと呼ばれるマンモスのような形の山ができました。しかも頂上には巨石がいくつも折り重なって残っていました。どうやって山の上にいくつもの巨石を運んだのかが疑問視されていますが、実は、山の上がもとの地平線だったのです。洪水で削られて山ができたのです。私は、その流れを1枚の絵の中に5枚重ねて描いたことがあります。クリスタルカードの裏の絵にしました。

私は、今生でマチュピチュに5回も行っています。セミナーツアーで36人ずつ引き連れて2回マチュピチュに行っています。下見にも行っているので、さらにドクターたちの旅でも行って何度も地球の裏側まで旅することになりました。

私も過去生で、マチュピチュの太陽神殿の巫女《みこ》だった時代と洪水のあとにビラコチャ＝太陽人として、いろんな技術を伝授しにマチュピチュに来た時代がありました。私も彼女と一緒に大洪水のあとの復興の手伝いをしました。

ドタキャンにすべりこんで受診できた女性が、コロナ禍でのダイナミックな光の仕事をすることになったのは、さらに古い時代に、スターウォーズの宇宙戦士だったからでした。

赤黒いワンピースを着てきたのに、私にはどうしてもシルバーの宇宙服を着ているように見えました。その宇宙戦士から「もう十分に戦ってきたので、そろそろ女性としての人生を謳歌したい」という魂からのメッセージがありました。

そのために、必要な過去生の引き出しを二つ解放しました。一つはフランス時代、ベルサイユ宮殿の舞踏会でドレスを着て楽しく踊っている光景がイメージで出てきました。

もう一つは、金星時代です。同じように女性で、毎日ミュージカルを楽しんでいました。「毎日がミュージカル、人生はクリエーション！」と声に出して歌いながら、どんどん明るくて楽しい引き出しを開けていきました。

目覚めのワーク㉒

「毎日がミュージカル、人生はクリエーション」のワーク

歌うように楽しく抑揚をつけて、３回唱えましょう！

「毎日がミュージカル、人生はクリエーション」

「毎日がミュージカル、人生はクリエーション」
「毎日がミュージカル、人生はクリエーション」

この言霊で、一気に彼女の勇敢な宇宙戦士のイメージが、ぱっと変わって、ドレスを着た女性になってしまいました。

これが、愛と笑いの過去生療法の醍醐味です。**意識が一気に変わると、本人が住んでいる世界があっという間に変わります。**本人がもう十分にやったと思っていないとできないのですが、彼女はすでに準備ができていました。

さらに三段跳びのように、次の楽しい展開が待っていました。

子育てモードに切り替わったのです。

「あなたの子供になる魂さんからのメッセージです。温泉に行って、浴衣で燃えて〜」とびっくりで具体的な内容でした。

太陽の音叉の響きに導かれて、素敵な流れになりました。いつもは、太陽の音叉は使わないのですが、ちょうど東京のセミナーでいつもの音叉を使うので送ってしまい、ピンチヒッターに登場していた宇宙バージョンの音叉が活躍しました。

金星の音叉の響きにも反応して、毎日ミュージカルを楽しんでいた金星時代の引き出しが開いたのです。

すべてはうまくいっていることを、さらにしみじみと感じたセッションでした。

クリニックでは、いろんな過去生の解放が行われます。それがその方の人生の次のステップへのエクスタシーチェンジのきっかけになります。

第5章

FINAL DOOR

目覚めると
どう変わるのか

すべてが愛でつながる

目覚めると人生はどのように変わるのでしょうか？

本当の自分に目覚め、光であることの自覚ができて、自分の思いでどんどん人生を決めていけると、面白いように展開が進んで、叶えたい夢がどんどん実現していきます。

点と点がつながって、シンクロニシティと呼ばれる共時性＝不思議な一致が起きてきます。日常で、**シンクロニシティが多いほど、ちゃんと目覚めている**と思っても大丈夫です。

欲しい情報が、次々と、人からやYouTubeから動画で飛び込んできたりします。

特にYouTubeは、面白くて何かを見るとそれに関係する動画がどんどん頼まなくても見られるようになっていて、びっくりです。興味がある動画を提供してくれるシステムなのです。

人の関係も会いたい人とつながるように、必要な人間関係が自然に出てきます。

その人のことを思うと、その人から電話があったり、ラインが来たり、カフェや空港で出会ったり、思いがけない場所で再会したりします。

毎日起きていることが、実はすべてつながっているのです。

会う人、出来事、好きになるもの、飽きてくるもの、嫌いになるもの、そのすべてのことが、見事につながったり、切れたりして新しい流れができてきます。

つなげているものは、何でしょうか？

それは、**愛のエネルギー**です。

つなげるときは、愛ボンドです。しっかりと愛ボンドでつながります。安心してください。

愛の反対は無関心です。関心があるのはそこに愛があるからです。

愛が宇宙に充満しているので、いろんなものをつなげるとき、その愛のエネルギーでつながっているのです。**宇宙は愛にあふれているので、宇宙は私たちにとても関心がありま す。**いつも見てくれているのです。宇宙＝神と言ってもいいかもしれません。サムシンググレイトという素敵な表現もあります。実は自分の中に広大無辺な宇宙があります。**内なる宇宙**です。

常に宇宙に見守られているので、あなたは決して一人ではありません。

いろんなものと、いろんな人と、見える世界も見えない世界も、いろんな世界としっかりつながっているのです。

安心して、毎日を楽しんでください。

そのつながりがあるから、「すべてはうまくいっている」のです。

その**つながりのもとは、あなたの思い**です。**宇宙に満ちている愛**です。

あなたが何かを思ったら、それをすばやく宇宙はキャッチして、愛ボンドがその思いを叶うようにつながりを探して、どんどん引き寄せて見事にその思いが叶うシステムになっています。素晴らしい宇宙のしくみです。

思いがこの世界を創っているのですから、思い方を変えれば世界が変わります。

だから**一人ひとりの思いがとても大切**なのです。

あなたが、今回の人生でやりたいと思ったことを体験してください。

まわりから見て、どんなに大変そうでも、その人にとっては、どうしても体験したいことを今やっているのです。そうぞ、チャレンジャーとして、見守ってあげてください。

ちょうど、親しい患者さんから、息子さんが友達のバイクを無免許運転して車にぶつけて、息子さんは無傷だったけど、後ろにいた友達とぶつけた車の人が怪我をしたと、動揺しているラインがきました。

手の震えが止まらないというのです。それは無理もありません。

でもまずは、「息子さんが無傷でよかったですね」と事実からの安堵の部分を見つけて安心してもらいました。「誰も死ななくてよかったです」これも事実です。「きっとこの事故を通じて関係する人々がみんなそれぞれに目覚めて、よき方向に変わっていくと思ってくださいね」と希望をつなぎました。大変な事故でさえ、その人たちが体験したいチャレンジしたい内容なのです。見守ってあげてください。

そして、いろんな美しい花々写真をラインで送りました。ついでにマリアやマリー・アントワネットなどの変身写真を送って和んでもらいました。

花は癒しの効果が抜群です。**平和のユートピアの象徴**でもあります。一気に穏やかな平和な波動の世界に連れていってくれます。今も右側にファンの方からの美しい花籠が癒してくれています。ありがたいです。

花には必ず妖精がいます。妖精のエネルギーがユートピアを生み出すのです。

そして、妖精のパワーを持った人がいます。

最近は、フィンランドの森の妖精だった魂さんがクリニックに集まってきます。

私も妖精だったことがあるので、愛でつながるのだと思います。

クリニックに妖精のようなファッション、カラフルでたくさんの花柄の同じ服を着た４人組が２人ずつ２日に分けて診療にきました。

４人に共通の過去生は、フィンランドの森の妖精でしたが、さらに細かい過去生のつながりは、最初の二人は、中国時代の解放、あとの二人はインディアン時代の解放でした。四人で最後に妖精ファッションの記念撮影をしました。その写真をそのあとの過去生療法セミナーと大石林山へ行くツアーの人たちに見せました。その中に、同じような妖精ファッションを持ってきた人がいて、「よかったら、啓子先生ぜひどうぞ」と下さったのです。これも素敵な引き寄せです。嬉しくて、大喜びで大石林山に行くときに着ていきました。

大石林山の仲良しの妖精たちがとても喜んで、「啓子ちゃん、その妖精ファッションお似合いよ～また着て来てね～」と大好評でした。

大好きなファッションも愛ボンドでつながります。

お花を通じて、妖精たちとつながると、平和なエネルギーを引き寄せやすくなります。たくさんの人々が同じように平和を思えば、そのエネルギーが強くなって、しっかりと揺るがないものになります。

お花と言えば、最近、猫の花ちゃんを看取りました。18歳でした。

食べるのが大好きで、お菓子の袋を開けるとすぐにワープしてそばに来るような可愛くて、優しい猫ちゃんでした。私のお気に入りの花のカチューシャを自分もかぶったつもりで引きずって歩いて笑えました。

海を見ながら集中して本を書いて、ちょっと疲れてピンクのソファで休んでいると、花ちゃんがそばに来て、一緒に添い寝して猫パワーを送ってくれました。

食べるのが大好きで元気いっぱいだった花ちゃんも、ついに膀胱《ぼうこう》に腫瘍ができて、飲食ができなくなり、どんどんやせて軽くなってしまいました。

最後は、両手をずっと握って看取りました。ピクンと痙攣する度に目がブルームーンストーンのように美しく輝くのを見ながら、安らかな最期でした。太郎お兄ちゃんがお迎えに来て、虹を渡って光に帰って行きました。

診療日を避けて、ちゃんと看取ることができるベストタイミングに、しかも11：14という私のラッキー番号の14で、主人の名前の伊地ヨンにちなんだ数字にこだわっていて、びっくりでした。

地球服の肉体は宇宙から

第1章に書いた、肉体は地球服で宇宙からお借りしているという話をさらに深めたいと思います。身体は宇宙の一部です。そして、だからこそ魂の器として魂に直結しています。

自分の表面意識よりも身体の方が、魂に近いのです。

もっと自分の身体をよく見て、感じて、触ってみましょう！

本当の自分が光であることに気づいて、内省的になり、本当の自分を意識し始めると、意外にも自分の身体をもっと大切に扱うようになります。

器に過ぎないのですが、宇宙の一部なので、素晴らしい相似象の構造になっていて、よく観察すると魂を理解することにもなり、身体の不調を自分で整えることができるようになるのです。

目覚めると自分の身体をいたわるようになり、よく観察してしこりがないか、冷えて固くなっていないかを見てゆるめていくと、大概の症状を自分で治すことができてしまいます。

緩めることで、エネルギーの流れがよくなるからです。

目覚めのワーク㉓

愛を持って自分の身体を観察してゆるめるワーク

お風呂の中で、身体を優しくなでながら、
しこりや痛みやつっぱりがないかを観察して、
マッサージしながらほぐしましょう！
ついでに顔のコリもほぐしましょう！
「いつもありがとう！」
「ゆるゆる〜」

もっと自分の身体を好きになって、愛と感謝で触ってあげると、細胞たちがとても喜びます。

お風呂に入っているときは、身体が温まって動きやすいので、緩めるのに最高の環境です。

そして、自分の身体を伸ばして、ゆるめて、ほぐしていくとあらゆる身体の不調が整ってくるのです。

さっそく身体を自分で整えていく実践の体験がきました。

突然、ぎっくり腰で動けなくなった方からラインが入りました。

すぐに、遠隔ヒーリングをしました。腰に何かエネルギーが刺さっているのを感じてそれをイメージで抜きました。すっと消えてエネルギーの流れがスムーズになりました。

腰はお腹と背中合わせです。お腹をチェックしてしこりや冷たいところがないかを見つけてそれを優しくほぐしてみるように伝えました。そして、顔の痛気持ちいい場所を探してそこもほぐしてみるようにとアドバイスしました。さっそく始めて、少しずつ動けるようになって、お風呂で温めながらやってもらったら、すっかり動けるようになりました。

仕事にも行けて、バッチリでした。

めでたしめでたし、大成功でした。

とても簡単で、自分でできる素敵な方法です。

この世でいろんな活動ができるのも、地球服である身体のおかげです。

自分の身体をもっと愛を持って観察してあげましょう！　必ず身体は喜んで語りかけてきます。「注目してくれてありがとう！　水分がたりないの〜補給してください。」「身体を動かしてエネルギーの流れをよくしてね〜猫のように身体を伸ばして〜頭をすっと天に引っ張られるようにイメージして、姿勢をよくしてね〜」と次々に直感でリクエストが飛び込んでくるようになります。

ついでに、いつも守って応援してくれている守護天使さんが右上にいてくれているのをちょっと意識して、話しかけてみましょう！

守護天使さんも、とても喜んでルンルンと話しかけてきます。

身体とも天使とも、テレパシーで話します。

目覚めのワーク㉔　守護天使との対話ワーク

右上にいる守護天使さんに、いつも応援ありがとうの気持ちをテレパシーで話しかけてみましょう！

ぜひニックネームも付けてあげてください。

ふと感じるささやかな感覚なので、そのささやかなそよ風のような感覚を感じてあげてください。

あなたの身体も守護天使さんも、上空に飛んでいる龍たちも、とても喜んで通信を送ってくれます。ふわっとした優しい波動に感じられるあなたにもうなってきています。

感じてみることを、新しいあなたの習慣にしてみてください。

そよ風を感じるようにです。

そよ風になって、大好きな地球の自然の中をイメージして、散歩しましょう！

そよ風になって、大好きな人と一緒に笑いながら、歌いながら、旅をしましょう！

そよ風になって、真っ白い馬、ペガサスとユニコーンの背中に乗ってみましょう！

意識が自由になって、身体から力が抜けて、とても心地よい気持ちで流れていきます。

地球の、そして宇宙の平和を祈る

地球の平和を祈ったら、平和な流れになっていきます。

一人の目覚めが、地球の平和を実現するのです。
ここで、地球の平和を一緒に祈りましょう！

目覚めのワーク㉕　平和の祈りワーク

合掌して、平和の祈りをしましょう！

日本が平和でありますように
地球が平和でありますように
太陽系が平和でありますように
天の川銀河が平和でありますように
宇宙が平和でありますように
ありがとうございます

これは、どんな宗教も関係なくみんなで祈ることができるグローバルな祈りです。

きっかけは、五井昌久先生が提唱している世界平和の祈りですが、さらに宇宙まで広げてみました。なんでも派手な方がいいです。グローバルになって、愉快で楽しいです。

天の川銀河は、私たちの地球がいる太陽系のもとの銀河です。

今まで、天（てん）と言ってきたのは、厳密に言うと、天の川銀河のことです。

そのことは、クリスマスイブにレオナルド・ダ・ヴィンチのサルバトール（救世主）の絵を描き始めたときに、右手が指す方向を探っていたら、わかりました。子どものときから、「天はどこにあって、どんな感じなの？」と疑問に思っていたので、分かったときは、とても感動しました。

仏像の手が上を指しているのも、天の川銀河の方向を指しています。

目覚めのワーク㉖

くるくるパーのワーク

第三の目＝松果体を活性化するワークの「くるくるパ～」のときに、頭の上で右手を右回りに回しながら、最後のパーのところで、天に向かって手を開くのも、天の川銀河の中心を意識して広げます。一気に意識が天の川銀河の中心、宇宙の根源につながるので、これはとてもスペシャルな素晴らしいワークです。

３回続けてやります。

３回唱えることで、しっかりと潜在意識に新しい思い込みとして刷り込まれるからです。

「くるくるパ～」「くるくるパ～」「くるくるパ～」

笑いも出てきます。

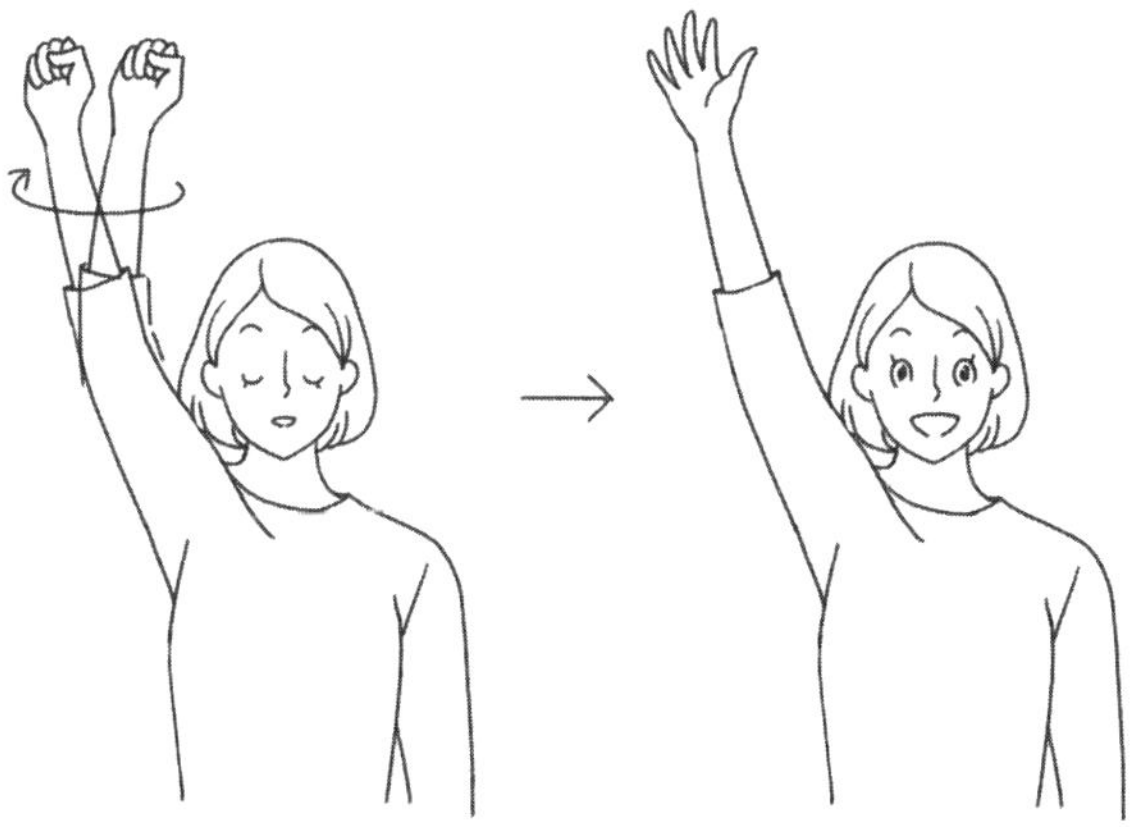

月一回のYouTubeでのライブ配信では、人気のこのワークを必ずやります。

私も自然に力が入って、急に声が大きくなって皆さんをびっくりさせてしまいます。

自分の内なる宇宙の根源にこのワークでつながると、揺るがない自分になって不動心を確立できます。仏像で言えば、不動明王になれるのです。

これは、本当の自分に目覚めるメリットが大きいです。

仏像の不動明王が大好きな人は、不動心の自分を目指していると思います。

天の舞を２０１１年に創るとき、不動明王が大好きな主人は新聞広告を見て、一刀彫の不動明王像を注文しました。１か月後に届いて、それに友人のお坊様、野口法蔵師匠が天の舞にいらしたときお経をあげて、入魂して頂きました。

天使の噴水の隣の展望台の下に安置して、上に人が乗っても大丈夫なように、八角形の板に墨で、「天」という字を書いて天井に貼りました。やはり、ここでも「天」という字が登場します。

私たちが大好きな「天ぷら」も「天に上げる」という意味が込められています。

「天の舞」の隣に、宿泊型の研修施設「海の舞」ができてしばらくしてから、不動明王像が二階の和室のマンダラルームに移動して、毘沙門天像があったところにドンと飾られて、その隣に毘沙門天がいます。

大きさがちょうど仏像の床の間にぴったりで、まるで最初から不動明王像のために創ったかのようです。

毘沙門天は、北を守る神で、古代インド・ヒンドゥー教のクベーラ、別名ヴァイシュラヴァナとも呼ばれ、漢字では、毘舎羅門、それが変化して、毘沙門となりました。

私は、親しみを込めて、毘沙ちゃんと呼んで投げキッスをしています。

とても喜んで、ホホを薄いピンクに染めているような感じがします。

もともと仏教はインドから来ています。日本はインドの影響をとても受けています。

これから、日本とインドが二本柱で、地球のユートピア活動がどんどん活性化します。

不動心になって、思考が現実化しやすい

思いが現実を創るのが、この世のシステムです。

私たちがそのシステムを知っていても、知らなくても、そのまま流れるように現実化し

ていますが、もし知っていたらそれがさらに加速します。

もっと自由に楽しく人生を創造しやすくなるのです。

なぜ目覚めたら、現実化しやすくなるかというと、不動心になって、思いがブレないからです。つまり一度思うと、とことん信じるので、芯が強くなるというか、揺れないのです。

絶対に大丈夫と思える力が異常に強くなります。

目覚める前は、不安が強くて、なかなか信じることができずに思いがぶれるとそれに合わせて宇宙もころころパラレルに変わります。それでは、しっかりと信じた通りになかなかなれません。宇宙は気が長くて、寛容なので、どんなにあなたの思いがころころ変わっても怒らず、それに合わせて、ずっところころ変わるので、現実化が遅れるだけです。

人間関係で、仲間と一緒にいても孤独を感じる人は、過去生で寂しい思いをしているかもしれません。

人生で身近な存在で、とても大切な脇役の人を、魂の友＝ソウルメイトと言います。

ソウルメイトと出会うことで、人生は豊かに思いがけない展開になっていきます。

パートナーがすでにいる方は、その方を大事により深い絆を築いてください。

まだパートナーに出会っていない方は、せっかく目覚めのプロセスを今体験しているので、この流れで素晴らしいパートナーを引き寄せてください。

必ず、ベストタイミングに出会います。

そして恋愛に燃えてください。結婚まで展開したら、結婚して家族を作ってみてください。

家族ができることは、日々の愛の表現の場として濃い体験ができます。

共に生きていくパートナーがいることは、かけがえのない人生の体験です。

きっと過去生からの濃い縁の続きで再会できると思います。

あなたにも劇的な出会いがきっとあります。

お楽しみに〜。

自分を信じる力が絶大になることは、宇宙を味方にすることになります。

広大無辺な宇宙を完璧に味方にします。

天然でおめでたい状態ほど、怖いもの知らずで抜群のパワーを使うことができます。

一人の思いの力がどのくらいまで、パワフルに使えるのかを宇宙空間で試してみたことがあります。

スターウォーズの時代のエピソードなのでかなり大昔です。

そのときは、男性の宇宙戦士で、とても頑強な身体を持っていました。まるでダースベーダーみたいです。

巨大な宇宙戦艦を思いの力で動かしていました。それではまだ足らずに小惑星を、さらに星も動かしてみました。どんどんマクロ化していきました。思い、意識が拡大していくほど、気持ちはますます大きくなりました。戦いも激しくなり、もう壊す相手がいなくなって、たった一人になりました。パワーを追求した究極の結果でした。強烈な孤独を感じました。最後は宇宙に溶けこんで愛に包まれました。

だんだんと一人になって孤立化する傾向は、だれもが持っています。

まるで宿命のように、せっかく仲良くなった人間関係を次々と切ってしまいます。

同時に、愛ボンドで、どんどん人とつながっていく流れも体験しています。そちらは真逆のように素晴らしい愛の力で、人の輪ができて、マワリテメグルを体現して、その勢いの中に妖精や天使や龍までもが楽しくからまって、素晴らしい光の祭りとなりました。

それは、光の音楽になり、宇宙交響曲のような壮大なものになりました。

カラフルな虹色が統合されて、無色透明のまさに太陽光線のような光そのものになって素晴らしくとろけるような気持ちのよい光と音のロンドの中で、くるくると回ります。

マワリテメグルムナヤコトアウノスベシレカタチサキとカタカムナウタヒのような響きが宇宙にこだまします。

こうやって、**自分の思いを孤独と歓喜の両極端を体験しながら、宇宙のしくみの収縮と拡散を味わう**のです。

陰陽統合なので、両方が含まれます。

陽だけでなく陰も必要なのです。陰と陽が両方あるからこそ、それらが統合して、くるくるまわって、マワリテメグルことで球体になります。

いろんな体験を繰り返しながら、究極は芸術の中で音楽と美術が大いにこの宇宙で貢献しています。

歌と踊りが必要です。

金星時代を思い出します。歌と踊りで、毎日がミュージカルです。人生はクリエーションなのです。

潜在意識にしっかりとインプットしましょう！

過去生で、金星人だった人は、このワークでスイッチが入って、金星人パワーが目覚めます。

私自身が金星人だったことがあるので、自然にクリニックには、元金星人が集まってきます。

金星人だった魂の特徴は、歌と踊りが大好きです。歌姫や舞姫の体験が魂の歴史の中で多いのです。あまり寝なくてもいろんな活動ができます。金星では寝るという習慣がないからです。3時間眠れたら十分なのです。

美しいもの美味しいものが大好きです。ファッション、芸術、グルメや料理などに興味を持つことが多いです。

そして何より、地球よりも早く、金星はアセンションしているので、これから地球が迎えるアセンション＝次元上昇の大きなイベントを助けにきています。

トキが来ると、自然に元金星人たちは目覚めて、本来自分たちで決めてきた使命を果たすように動き出します。そして、今がそのトキなのです。

あなたも金星人だったことがありそうですか？

あなたも目覚めてきていますので、思いの力がとても強くなっています。

それを自覚して、思いの力を最大に活用していきましょう！

あなたがやりたいことをするのが一番大切なのです。

自分が物や人を**どのように受け止めるかで、自分の世界での働きが決まってくる**のです。

このことは、人生でとても大切なことなので、覚えておいてください。

電磁波も同じです。電磁波が強い星から転生してくると、地球の電磁波が弱くて物足りなく感じて、仕事を東京の秋葉原のような電気街にして、電磁波をたくさん吸収して元気になります。私も電磁波の強いプレアデスから来ているので、電磁波には強くて、というよりむしろたくさん食べます。そして、自分のパワーに変換するので、身体は小さいけれどとてもパワフルなのです。

ものだけでなく、人間関係も同じです。この人は、素晴らしいと思っていれば、自分の人生では素晴らしい脇役を演じてくれます。

この人は信用できないと思うと、自分の人生では信じられない人を演じてくれます。自分が脇役の人をどう思うかで、その人の自分への表現が変わってきます。

人生が自分の思いで作られていることに気づいてくると、自分がどう思うかで、つまり**意識が変わることで、まわりの世界があっという間に変わることに目覚めてきます。**

人生のしくみがわかると、悩みはほとんど解決していきます。

自分の思い方を変えればいいのです。とてもシンプルです。

シンプルな人生のしくみがわかると、急に毎日が楽しくなってきます。

あなたもここで、一気に楽しい人生を創造してみませんか?

実際にやってみると、びっくりするほどの変化がすぐに現れます。

私たちは意識そのものなので、**意識が変われば一瞬で世界が変わります**。このフレーズは、とても大切なので、この本の中で何度も登場しています。

「私は、いつも○○」と思い込んでいることがありませんか？

このような思い込みは、まさにそのままいつも○○を継続しています。そう思っているからそれを続けているので、またそうだと思い込んで、その思い込みがどんどん強化されているのです。

そのようなフレーズを日常生活の会話で聞くと、

「その思い込みを真逆に変えてみたら？」

と提案するようにしています。相手は、はっとして本当に真逆のフレーズを言ってくれる人もいますが、反論して、「そんなことできないわよ、本当に私はいつも○○なんだから」と言ってくる人が多いです。

でもめげずに「もったいない、思い込みを変えたら、本当にそのように変われるのに～」と余韻を残すようにしています。

あなたにもありませんか？

気がつかないうちにマイナスに思い込んでいるフレーズが？

気がついたら、ぜひ変えてみてください。面白いように変わっていきます。

きっとあまりにも簡単に変化して、変化の確認も忘れてしまうかもしれません。

私も昔は、約束の時間に間に合わなかったのに、今では余裕で間に合うようになっていてそれも当たり前になって、昔の間に合わなかったことなど、すっかり忘れてしまっています。

私たちの思い込みの世界は、本当に面白いです。

自分が意識しているものしか、目に映りません。意識しなくなると、まるで視界から消えたかのようにいなくなってしまいます。

つまり、この瞬間に必要なものは見えていますが、必要ないものは消えていくのです。

人間関係も同じです。とても親しくしていた人とも、だんだん疎遠になってくると、人生の舞台から消えてしまいます。

そして、それはおたがいさまに起きています。

一方で、また新しい出会いがあって、わくわくその人との新たな交流と世界観の広がりを楽しみます。

だから、自然の流れでいいのです。飽きたらさよならしましょう！

楽しかったら、ウエルカムしましょう！

物も人も断捨離を楽しみましょう！

新しい空間と心のゆとりを味わいましょう！

死が怖くなくなる

死の恐怖が、人生で最大の恐怖だといわれています。

死は、消えるのではなく、場所移動なのです。

そのことがわかると、死の恐怖はなくなります。

この世からあの世に移って、光に帰ることだからです。

誰にも訪れる死は、どのような感じで訪れるのでしょうか？

久しぶりに友人を看取るという貴重な体験をしました。父の看取りのあと、二人目です。

胃がんが転移して全身に広がり、とうとう食べられない、飲めない状態になりました。

理想的な死に方を選んで、自然に枯れるように死を迎えました。呼ばれてかけつけて、ギリギリ間に合いました。手を握るとまだ温かみがありました。

ヴォイスヒーリングをしたら、素晴らしいお迎えの「阿弥陀二十五菩薩来迎図」が展開しました。それは美しい天上界の音楽を奏でて、たくさんの楽団と懐かしい先に帰った人々がお迎えにいらしたのを目の当たりにしました。荘厳で清らかで素晴らしい光景でした。

思わず似ていると思ったのが、アニメ映画「かぐや姫の物語」の最後のシーンです。かぐや姫を迎えにきた天上界の音楽隊を思い出しました。さらに、９年前に描いた絵も思い出しました。天の舞の瞑想ルームに飾っている絵「阿弥陀二十五菩薩来迎図」です。

やはりアニメの最後のシーンも、この絵からヒントをもらって作ったそうです。

それを懐かしく思い出して、翌日のライブ配信のときに、その絵を披露しながら貴重な看取りの体験を熱く語りました。

お迎えは、その人の人生に合わせてベストな形で好きなように選べます。今回の場合は、彼がたくさんのミュージシャンと接して、ＣＤジャケットやプロモーションビデオを作ったり、あらゆるデザインを手掛けてきたり、これまでに音楽業界に大いに貢献してきたのでこのような素晴らしい天上界の音楽のお迎えだったのです。

もちろん、先にあの世に帰った懐かしい人々も一緒にお迎えがありました。

そして、お見送りをする火葬場では、にこにこ笑顔のご本人が司祭の白い服を着て、遺体の上にたくさんの天使たちと一緒に浮いていました。

本人からのリクエストで、アマテラスのマントラを唱えました。きっとお経を唱える代わりになったと思います。

目覚めのワーク㉗

アマテラスのマントラを唱えるワーク

1）アマテラス、天地《あめつち》の　光満つ　地に降りて　惟神《かんながら》の道
今、開かれん　ア～オ～ム　ア～オ～ム　ア～～オ～～～ム

2）天津神《あまつかみ》カムヒビキ　ヒフミヨイ　ムナヤコト　蘇るとき
今、開かれん　ア～オ～ム　ア～オ～ム　ア～～～オ～～～ム

このアマテラスのマントラの1）は、神戸の地震のあと、天から降ってきたものです。
2）は、2020年2月に、京都の相似象セミナーのあとに、降りてきました。
誰でも1）のマントラを唱えれば、必ず光の柱が立つそうです。
素晴らしい光の世界とつながります。

私たちは、塊ではなく光の存在なので、たとえすでにどこかに生まれ変わっていたとし

てもちゃんとお迎えのときには、私たちにわかるような姿で来てくれます。安心してください。

天使が大好きな人には、たくさんの天使がお迎えに来てくれます。

七福神が大好きな人には、ちゃんと七福神がお迎えに来てくれます。

それぞれにぴったりのお迎えがあるので、安心してください。

父の看取りのときは、二人の美しい髪の長い白い着物を着た女性が二人、お迎えに来てくださいました。父が一瞬で白い着物と白い袴《はかま》に着替えて、手に扇子を持っていました。

美人たちのお迎えに父は嬉しそうでした。

「父上、美女のお迎えよかったですね～着替えは一瞬でしたね～」と話しかけたら、「気持ちも身体も軽くて心地よい、僕好みの美人のお迎えはいいの～母さんをくれぐれもよろしく頼む～」と言って、すっと光の世界に上がりました。

父は八幡製鉄所から新日本製鉄に移り、ずっと溶鉱炉の設計をしてきました。国内だけでなく海外にも呼ばれて、海外出張にも行っていました。ドイツに行ったとき、高速道路で時速１６０キロのベンツが宙返りをして、奇跡的に助かった話を何度も聞きました。

私も、イギリスに留学時代、バースで雨の中のスリップ事故から奇跡的に命拾いをしました。いろんな奇跡を体験しながら、今があります。その都度、助っ人天使たちに助けてもらって本当にありがたかったです。

宇宙の根源とつながると、どんな緊急事態でも、必ず大丈夫という不動心、安心感が根底にあって、揺るがなくなるのです。

見えない世界の守ってくれている存在を知って、その存在を信じることで、大丈夫だという安心感がしっかりと自分の根底にできてきます。

どんなときでも、すべてはうまくいっていると思いきれるのです。

だからあなたにもそうなって欲しくて、この本を一生懸命に書いています。

どうかそうなりますように〜。

あなたが、これから突然死を迎えても、落ち着いて光の方に近づいて、あなたに相応《ふさわ》しい望んだお迎えにすっと乗って、そのままスウッと光の世界に帰れますように〜祈っています。

私は魂の通訳をしているので、亡くなった魂さんの通訳は得意です。

クリニックでも、亡くなった親や伴侶や友人の通訳をすることが多いです。

「あなたのお父様が、とても感謝しておられます。最後までわがままを聞いてくれて本当にありがとう。こちらで元気にしています。『笑いの学校』に通っているから」と、娘さんに伝えることもあります。

なんとその娘さんが、笑いヨガをやっていて、一生懸命にお父様に勧めていました。生きている時は関心を持ってくれなかったのに、亡くなってからちゃんとあの世の「笑いの学校」に通っていることを知って、とても喜んでいました。

あの世に「笑いの学校」があるのは、本当に素敵です。この世で忙しかったり、恥ずかしかったりで、笑いに触れることができなかった人には、とてもいいシステムだと思います。

できれば、この世にいる間にたくさん笑いましょう！

笑いヨガをネットで検索して、もしあなたのお近くでやっていたら、ぜひ一度参加してみてください。ピンとくれば続けましょう。合わなかったら、日常でギャグを連発するような新しい習慣をつけましょう！　人を笑わせることは、愛ボンドを最大活用します。愛があふれてきていろんな角度から今の状況を観察して、発想を変えると笑いを取ることができます。

笑いを取る習慣を身につけると、自然に波動が5次元以上に上がります。時には、頭上に天使たちが笑いたくて、ギャラリーに集まってきます。そうなると、あなたもしっかりと笑いの天使です。確実に光に帰る切符を手にしました。おめでとうございます。

あなたが寿命を迎えて、光のお迎えが来たときに、光の射す方向に向かってください。

必ずスムーズに光に帰ることができます。光に帰ることだけでも知っていると、迷わずに帰れます。ぜひ家族にもそのことを亡くなる直前でもいいので、伝えてあげてください。

自分が光の存在で、光の世界からこの世に来て、やりたい体験が終わったら、あの世の光の世界に帰ることを知っているだけで、思い残しがなければ軽いので、ポンと軽やかに光に帰ることができます。くれぐれも覚えておいてくださいね。

これで死が怖くなくなります。

自分の中のハイアーセルフとつながって、宇宙の根源と一つになります。

宇宙や神様からのメッセージをキャッチする

自分が光の存在であることを知っていると、5次元以上の光の存在とのコンタクトがとても楽にできるようになります。**妖精や天使や龍と仲良くなって人生がもっと楽しくなるのです。さらに宇宙や神様からのメッセージを受け取ることができるようになります。**

宇宙神といわれている天之御中主神《あめのみなかぬしのかみ》のおじいちゃんからは、いつも「よく頑張っているの〜その調子じゃ〜」と励ましてもらっています。ガジュマルのひげのようなおじいちゃんの髭をピンピンと引っ張るのが大好きです。

パラマハンサ・ヨガナンダさんからは、「私の厚い本をまた読み返してくれてありがとう。いつも私の絵を見せて解説してくれて嬉しい」と言っていただいて感動しています。

ババジさんは、時々ドーンと大天使ミカエルのようなダイナミックな登場で、莫大なエネルギーをくださっています。

宇宙図書館長のミコスさんは、最近絵を描いたことで、また親しくなっていろんなインスピレーションをもらっています。

このように、光の世界の存在と普通に交流してメッセージを日常で受け取れて本当に幸せです。

そして、これは私が特別なのではなく、役割としてあなたよりもちょっと早めに体験しているだけです。

あなたも目覚めてくると、好きな光の存在と自由自在にテレパシックに交流できるようになります。あなたが好きな光の存在を意識すると、自然に交流が始まります。ぜひやってみてください。どんどん素敵なメッセージを受け取りましょう！

次は、あなたの番です。どうぞ、お楽しみに〜。

クリニックでも、女性の患者さんで、沖縄の北部から来ている方の再診で、いきなり琉球王国神が現れてメッセージを受け取ることになり、びっくりしました。

実は、真っ赤なとても派手なドレスを使って欲しいと持ってきてくださったのですが、診療受けたいけどつながらなくてと話していたら、ドタキャンがありました。

ちゃんと、宇宙が彼女へのご褒美を用意してくれました。

彼女が健気に、県外に出ている弟の代わりに先祖を守り、家族を守ってきたことへのご褒美のメッセージを琉球王国神がくれたのでした。

弟がいよいよ沖縄に戻ってくることで、今までの彼女の役割が終わり自由になったのです。そして、彼女の過去生からの祈り人としての素晴らしい使命にも、今帰仁《なきじん》城址と首里城での祈りの依頼がきて納得でした。次の働きが開かれるメッセージ、北と南をつなぐ祈りだそうです。そのメッセージは、私の魂にも響いてきました。なぜなら、彼女と同じように祈り人の働きを持っているからです。

これからも、祈り人として、地球のへそである沖縄・琉球での深い祈りを続けていきたいと思います。

祈りは、意識の行動です。目覚めた人の祈りは最強です。なぜなら内なる宇宙が根源とつながっているからです。

しかも**瞬時の祈りが最強**です。ふと思うだけです。このふと思うことがズンと響いて、その思いのようになります。私は日常でかなりこの瞬時の祈りを活用しています。とても便利だからです。**我思うに我ありです。今のこの一瞬に祈りを込めてパワーを入れます。**必ずそのようになります。それが宇宙の法則だからです。大事なのは、そのあと揺るがないことです。

信じ切ることです。**この信じる力が、瞬時の祈りをしっかりと支えます。**

目覚めると信じる力が最強になります。

信じる力が最強だと、すべてのことが流れるようにうまくいきます。まさに「すべてはうまくいっている」です。

そして、必ずその祈りが大きな流れを創ります。いろんな大切なことが瞬時の祈りがきっかけで始まっています。だから一人ひとりの思いがとても大切なのです。

琉球王国神からのメッセージは、私も受け取ったことがあります。それは、代表作の『人生のしくみ』の完全アップデート版に第八話として加筆した中に紹介しました。

私の過去生で、女性に弱くて政治をおろそかにした尚徳王《しょうとくおう》という琉球王国の王様がいました。そのおかげで、クーデターが起こり、第一尚家が滅びてしまいました。

そのことが気になって、今回の人生で、自分のエネルギーの25%尚徳王の光を入れてきたので、東京から沖縄に移住する流れになりました。

薬を使わない治療、愛と笑いの過去生療法を27年間続けてきました。
宜野湾《ぎのわん》のコンベンションで春と秋大きな講演会を毎年したり、ヒーリングセミナー、ヒーリングスクール、クリエイティブスクール、アーススクール、さらに那覇高校の看護科と中部農林高校の福祉科で毎週授業をしたり、本を毎年2冊、ときには5冊出したりして、自分なりに人々の目覚めを手助けする活動を地道に続けてきました。

それを琉球王国神がずっと見ていてくれたのでしょう。

「あなたは十分にやりました。魂の宿題はもうとっくに終わっています。あなたが沖縄に移住して、仕事の縁で今のご主人に会って、一緒にユートピアの殿堂、天の舞と海の舞を創り、そこでたくさんの縁のある魂の解放を手伝ってきたこと、各地でやってきた活動すべてがもう十分にユートピアの世界を創っています。あなたが琉球・沖縄にいるだけで、琉球王国になっています。ここにいてください。もうしばらく生き続けてください」と思いがけないありがたいメッセージを受け取りました。ハラハラと涙が出て止まりませんでした。

生きているだけで、自然にいろんなことが起きて、すべてうまくいくのです。

何かを行動しなくても、存在するだけで意味があること、人生のしくみの真髄を感じました。

あなたも、今いる場所があなたのユートピア担当地区です。あなたがそこにいるだけで、エネルギーの渦がまいて、いろんなことが自然に起きてきます。

あなたは、存在の愛なのです。今いる場所にいて、ここは平和で安心だと瞬時に思ってください。それが瞬時の祈りとなって、すてきなさざ波を生み出します。

あなたにも届けられたメッセージとして、受け取ってください。

行動しなくても、そこにいるだけでいいと言われると、心からほっとします。

安心と幸福感に満たされます。

今までの権力者と奴隷のゲームから卒業して、**いよいよみんなが平等の時代に突入**します。

先にアセンションした、金星も都会中心の文明から人々が都会を捨てて、田舎に住むようになって、自然に戻っていく流れになったそうです。

金星人であることをカミングアウトした、オムネク・オネクさんの本から金星のアセンションの流れを知って納得しました。それが今、コロナ禍において静かに始まっています。

コロナという見えない存在が見事に地球を変えてくれました。

イギリスの産業革命以来の馬車馬のような仕事ぶりが、パタッと止まって、あらゆることがゆっくりと見直されるチャンスをもらいました。

これは、地球人すべてが変わりたくて引き寄せた大切なきっかけです。

イギリスで始まった産業革命からの文明が１６１１年続いて、それが終わって、次の日本中心の文明の時代を迎える「ガイアの法則」がまさに発動しました。

これから、私たち日本人が少しずつ目覚めて、いつの間にか穏やかな平和なうねりを作って波動革命を起こしていきます。 さりげなくなので、気がつかないうちにできてしまいます。

波動が穏やかなので、変化していることすら感じないかもしれません。

それくらい、すすっと、ささっと、いつの間にか、すべてがなめらかに穏やかに整っていきます。いつの間にかみんなが笑顔になって、ありがとうが飛び交います。

みんなで楽しそうに、歌ったり、踊ったり、遊んだり、戯れて笑いの渦が広がります。

アボリジニは、オーストラリアの先住民で、かなりスピリチュアルな部族です。

自然の中に生きて、家を持たずに放浪して過ごします。草花の朝露を飲んで、出会う動物からいのちを頂いて、旅を続けます。衝撃的な本『ミュータント・メッセージ』（角川書店）を読んでアボリジニの自然に溶け込んだ生き方に感銘を受けました。

意識そのままで、自然界と反応しながら自然体で日々を過ごします。

この生き方が、できたら最強です。

自然界のすべてのものから、宇宙のメッセージを受け取って生きる生き方です。

私たちもアボリジニからこの生き方を学びたいです。

今いる場所で、自然とともに生きるのです。都会が急に嫌になったら、自然の中に戻るチャンスです。私も東京から自然の中に移りたくて、沖縄に移住しました。

その作戦は、大成功でした。海を見ながら本を書いています。

美しい海を見ながら、診療しています。

海と一体化しながら仕事ができて最高に幸せです。

真から癒される「全一体」

意識がすべてであることに気づくと、それは大きな「目覚めのヒント」になります。

「全一体」という素晴らしい一言は、私たちが目覚めて意識が向かう究極の境地を表しています。

この本を書くにあたって、引き寄せたいろんな本の中に、ＯＳＨＯの『存在の詩』という分厚い本があります。そこにも、「意識から思考が取り除かれたとき自己というものが完全に消え失せて、あなたはいてもいない、不在、空、これが最後の成就だ、全体とのオーガズムを得る、全体に境界などない」と表現されています。

自己と世界の境がなくなり、「全一体」に溶け込んでしまうのです。

自己も含めて、万物すべてが一つだと感じたときに、究極の自分、本当の自分を感じることができます。

何かにはまったり、何かに溶け込んだりするような体験です。

あなたは何かにはまっていますか？

どんなときに、自分がいる場所だと感じますか？

若いころ、ハワイのオアフ島の沖で、野生のイルカ36頭と一緒に泳いだことがありました。それは本当に至福のときでした。

自分が右に行くと、36頭が一斉に右に行くのです。左に行きたいと方向を変えると、イルカたちも同時に左に向きを変えて、一体になった最高に幸せな体験でした。まさかのイルカとの全一体の感覚でした。

まるでイルカの隊長になった気分です。自分は昔イルカだったと思い出しました。

それもケタケタと笑うイルカでした。**イルカは海の笑いの天使です。**

自分がイルカだったという過去生もわかり、すっかり海に溶け込んで、これからは海で暮らそうと真剣に思いました。

それまで野生のイルカとコンタクトを取って、一緒に泳ぐ段取りをしてくれたジュリアというアメリカ人の女性に、

「これからは海の中で暮らすから、どうぞ岸の方に行ってください。私にはおかまいなく。みんなによろしく言っておいてね〜」

とお気楽に話しかけたら、びっくりされて、

「ハイジ（当時の私のニックネーム）、それはだめよ、無理だわ、今あなたは人間なの、これからも陸で生きていくのよ〜」

「もう陸は飽きたの、これからは海の中で暮らすの〜」

と押し問答になってしまいました。

すでに私の意識は、美しい緑とシルバーの光の海の中に溶け込んで、まったりと浮かんで陸に戻る気はありませんでした。イルカの次は、海との全一体の感覚です。

それでも必死なジュリアは、とうとう私を陸まで移動させることに成功して、陸に上がりましたが、なんと私の腰が立たなくて、両側からかかえてもらいながらゴザの上に横たわりました。まだ意識は海の中にいました。

そのために、完全に意識が身体にはまっていませんでした。それで立つことができなかったのです。

ジュリアは、一生懸命に私の目を見て「ハイジ、カムバック、今は人間なの、陸で暮すの、イルカじゃないの、戻ってきて〜」と話しかけてくれました。

最初は抵抗していましたが、だんだん自分の身体に戻ってきて、意識もしっかりしてきました。立てるようになり、最後はジャンプできるかを確認して、しっかりと陸に戻ってきました。

あなたも、海に入ったときに似たような気持ちになって、いつまでも海の中に浸っていたいと思ったことはありませんか？

全身を海にゆだねて、プカーッと浮いていると、海の生き物に戻ったかのような懐かしい錯覚が生じてきて、びっくりのリラックス、至福感を味わうことができます。

万物すべてのものが自分だと思える世界観を持つことができたら、「全一体」の意識になれます。それには、意識としてすべての存在を体験してきたことを少しでも思い出すことです。

私たちは、好きなものに、はまります。はまると何度も手にしたり、身に着けたり、眺めたりして、自分の世界に入れるようになります。十分にはまって飽和すると飽きてきて、また次の自分探しを楽しみます。

つまり、**自分が好きなものが本来自分の中にあることを発見して、共鳴する**のです。

面白いでしょう？

あなたが今はまっているものは何ですか？

そのはまっているものを通して、全一体の最高に気持ちのいい溶け込むような境地に向かっていきます。ぜひ、追求を続けてみてください。

全一体で真の癒しにGOです。

自分の中の宇宙の根源

私がはまっている藤井風くんの歌の真髄は、理想の自分＝ハイアーセルフと一つになることです。言い換えれば、自分の中の宇宙の根源と一つになることです。これができたら、まさに悟りの境地です。**ハイアーセルフと表面意識の差がなくなることが、差取り＝悟り**だと思っています。

自分の中に宇宙があります。その中心、根源にサムシンググレイト＝神とも呼ばれる存在があります。自分の中の理想的な自分です。

私たちが今回の人生で生まれてきて、ずっと感じてきたことや考えてきたことなどの意識が表面意識です。

表面意識は、とてもミーハーで、ただひたすら感じることと思うことをそのまま表現します。

潜在意識は、もっと奥にあって、いろんなものに反応してこれまでのいろんな人生での体験から感じたことを感情で表現して解放します。過去生では表現できなくて、潜在意識にたまっていた感情が反応することで、解放できるのです。

すっきり解放されることで、さらに根源に近くなります。

根源の素晴らしい波動に触れるようになると、人生をシンプルにしたくなってきます。

まわりのものをそぎ落としていく流れが始まります。

ものも人も断捨離し始めるのです。

これはとても自然なことです。

根源的な喜びを求めるようになります。

自然界に浸って、自然のありがたさが身に染みるようになり、全一体の感覚が湧いてき

ます。すべてに溶け込んで、一体になった自分の状態に至福を感じるのです。

少しのことで、感謝があふれてきます。不平不満がなくなって怒ることがなくなります。**穏やかな笑みが自然な表現**となります。

座って瞑想しなくても、瞬時の祈りが重なって、ずっと瞑想状態、ずっとサマディ状態になってきます。日々が瞑想状態で、とても穏やかです。小さな喜びが幸せな気持ちを作ります。その状態だと、天之御中主のおじいちゃん、ヨガナンダさん、ババジさん、ミコスさん、大天使ミカエルなど光の世界の人々とも交流してメッセージを日常で受け取ることができます。

料理をすること、片付けること、掃除をすること、洗濯すること、何気ない家事がすべて流れるように楽しめます。まわりがどんどんいつの間にかすっきりと美しくなってきます。

淡々とやっていることが至福になって、幸せを感じることができます。

いろんな人々との縁がありがたく感じられます。

縁が薄くなった人々にも、幸せを祈ることができます。

すべてにありがとう～あなたは私、私はあなた～お互いに光として宇宙の根源から輝いています。いろんな光の筋が今の自分を表現しています。いろんな光の色が今の自分を映し出しています。
あなたが素敵に気持ちよく本当の自分に目覚めてよかったです。
あなたの中の美しい光があふれ出て、輝きになって、まわりを照らしています。
あなたの目覚めにおめでとう！
あなたの目覚めにブラボーです！
あなたの目覚めが素敵に広がって、みんなも気持ちよく目覚めてきます。
地球も目覚めて、新地球になります。
新しい地球で、目覚めの喜びの舞を楽しみましょう！

エピローグ――まもなく宇宙時代へ

この本を読んでくださって、本当にありがとうございます。

あなたが目覚めるためのヒントを感じてくださったでしょうか？

あなたの本当の自分、光だった自分を少しでも思い出して、感じてもらえたらとても嬉しいです。そのための本です。

インドの聖人ヨガナンダさんの絵を描いてから、スイッチが入って、ヨガナンダさんの応援とさらにヨガナンダさんの師匠であるババジ様の絵を描く瞑想のおかげで、どんどんパワーアップして、なんとかこの本を書くことができました。

見えない世界からの多大なる応援のおかげです。

この本は、天使の桜ちゃんのおかげで世に出ることになりました。

そのせいか、表紙が美しい虹の七色の羽根のデザインになりました。

決定したカバー写真が送られてきた1時間後に、カフェに子供連れのお客さんがいらして、2歳の男の子を見てびっくり、翼が虹の七色でした。名前を聴いたら、凪々星《ななせ》君という素敵な名前です。ご夫妻は新婚旅行でお二人とも診療を受けられました。そのときに、「お子さんの魂さんがもう待っていますよ〜」とお伝えしたのですが、帰ってからすぐにできたそうです。その子を見せたくて、天の舞に来てくれました。あまりにもタイミングがよくて、びっくりです。

しかも、凪々星君の名前は、プレアデス星団の意味で、7つの星という意味が入っています。なんと、この本の第4章に出てくるプレアデス星団から実験の続きを地球ですることになって、乳がんが治癒されたエピソードの方との縁が深くて、そのときは凪々星君が上司で、部下に地球で続きをするようにアドバイスをしたのだそうです。びっくりの流れに感動しました。ご両親の承諾を得て、ここに紹介しています。このエピソードで、この本の大切さと、光の世界からの応援の力をとてもありがたく感じました。

瞑想と祈りを散々やってきて、到達した境地を最大活用して、今も沖縄で愛と笑いの過去生療法をやりながら、ユートピアに向けて、活動を続けています。

2030年頃には、地球も金星に続いてアセンションできて、宇宙時代を迎えることができるそうです。もうあと7年です。これから音を立てるようにいろんなところが変わっていきます。それを体験できる私たちは、とてもラッキーだと思います。

素晴らしいユートピアへのプロセスをこれから大いに楽しみましょう！

美しい虹色の翼をデザインしてくれた冨澤崇さんありがとうございます。

何より、この本が出版できるように計らってくださった武井章乃さん、ありがとうございます。

この本を書くにあたって、応援してくれた家族、友人たち、特に応援団長のパーカー智美さん、読者の立場からのアドバイスをしてくれた梶本寛子さん、多くのファンの皆様、本当にありがとうございました。

たくさんの見えない世界の応援のおかげで、無事に出版となって、感無量です。

これからも、楽しくユートピアへの活動を続けていきたいと思います。

それぞれのユートピア担当地区で、楽しく使命を果たして生きましょう！

それでは、新地球でお会いしましょう！

楽しい創造の爆発をしましょう！

２０２３年　４月吉日

魂科医・笑いの天使・楽々人生のインスト楽多～

越智　啓子

越智啓子（おちけいこ）
精神科医。東京女子医科大学卒業。東京大学附属病院精神科で研修後、ロンドン大学附属モズレー病院に留学。帰国後、国立精神神経センター武蔵病院、東京都児童相談センターなどに勤務。1995年、東京で「啓子メンタルクリニック」を開業。99年沖縄へ移住。過去生療法、アロマセラピー、クリスタルヒーリング、ハンド＆ヴォイスヒーリングなどを取り入れた愛と笑いのカウンセリング治療を行う。現在、沖縄・恩納村にあるクリニックを併設した癒しと遊びの広場「天の舞」「海の舞」を拠点に、クライアントの心（魂）の治療をしながら、全国各地で講演会やセミナーを開催し人気を呼んでいる。著書多数。

啓子メンタルクリニック https://keiko-mental-clinic.jp/
天の舞（店頭販売） http://www.tennomai.jp/
琉球の舞（通信販売）https://ryukyunomai.jp/

目覚めのヒント

第1刷　2023年5月31日

著　者　越智啓子
発行者　小宮英行
発行所　株式会社徳間書店
〒141-8202　東京都品川区上大崎 3-1-1
目黒セントラルスクエア
電話 編集(03)5403-4344／販売(049)293-5521
振替 00140-0-44392
印刷・製本　大日本印刷株式会社

ISBN978-4-19-865638-6